Redaktion: Angela Rahaniotis
Grafische Gestaltung: Zapp
Fotos: Marc Bruneau
Food Zubereitung/Stylist: Josée Robitaille
Assistent: Marc Maula
Übersetzung: MBS TRANSDOC GMBH

338 Saint Antoine St. East
Montreal, Canada H2Y 1A3
Tel.: (514) 954-1441
Fax: (514) 954-5086

ISBN 2-89433-158-4
Printed in Canada

GEFLÜGEL

Huhn ist schon immer ein Lieblingsgericht der ganzen Familie gewesen. Und da es nicht teuer ist, wenig Fett und wenige Kalorien hat, ist es die ideale Wahl für den preis- und gesundheitsbewußten Koch.

Und wie alle große Köche wissen, gehört Huhn außerdem noch zu der Fleischart mit den vielfältigstenVerwendungsmöglichkeiten. Dieses kleine Buch enthält eine Auswahl köstlicher Geflügelrezepte, von schnellen und einfachen bis hin zu exotischen und extravaganten.

Als zusätzliche Hilfe finden Sie detaillierte Anweisungen, wie Sie ein ganzes Huhn zerlegen und die Hühnerbrust von den Knochen lösen können – Techniken, die nicht nur Geld sparen helfen, sondern die auch jeder gute Koch beherrschen sollte.

Bei einer so großen Auswahl ist es durchaus möglich, daß sich Ihre Familie mehrmals in der Woche Huhn wünscht!

Wie man Geflügel richtig zerlegt

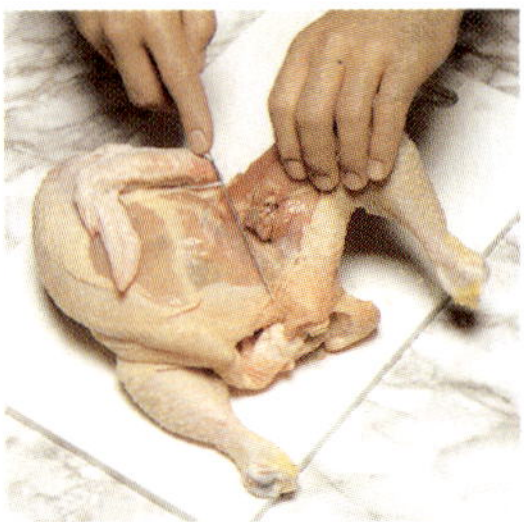

1 Mit einer Hand das Bein leicht vom Huhn wegziehen und die Haut, die das Bein mit dem Rumpf verbindet, durchtrennen. Das Bein aus seiner natürlichen Stellung wegdrehen, bis das Gelenk bricht. Mit einem scharfen Messer das Bein am Gelenk durchschneiden.

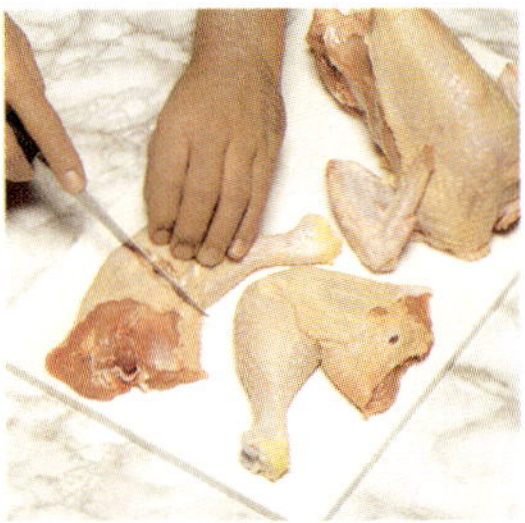

2 Das Bein mit der Haut nach unten legen und das Gelenk mit dem Messer zwischen Ober- und Unterschenkel durchtrennen. In gleicher Weise mit dem zweiten Bein verfahren.

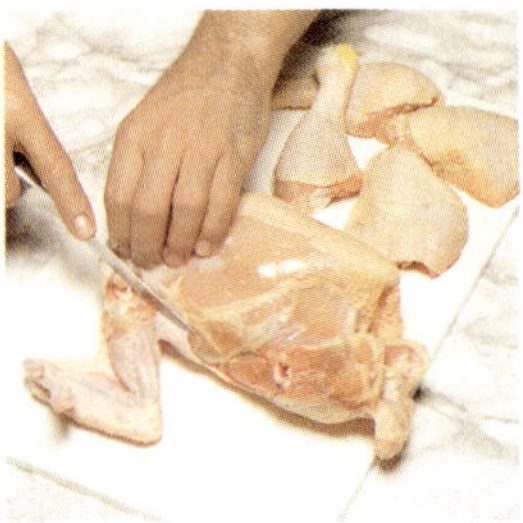

3 Den Flügel anheben und fest vom Leib wegziehen, bis das Gelenk bricht. Danach das Gelenk mit dem Messer durchschneiden, um den Flügel vom Rumpf zu trennen.

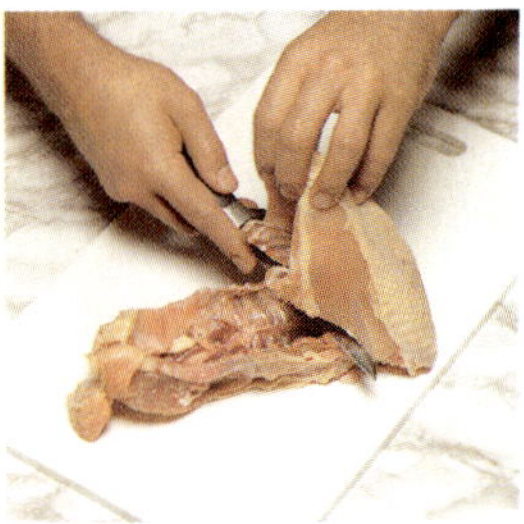

4 Das Messer zwischen Brustkorb und Rückgrat führen, um die Brust vom Rumpf zu trennen.

5 Die Hühnerbrust der Länge nach in zwei Hälften schneiden.

6 Dies ergibt sechs Teile. Für acht Portionen die Hühnerbrusthälften nochmals teilen.

Hühnerbrüste ausbeinen

1 Haut von den Hühnerteilen abziehen.

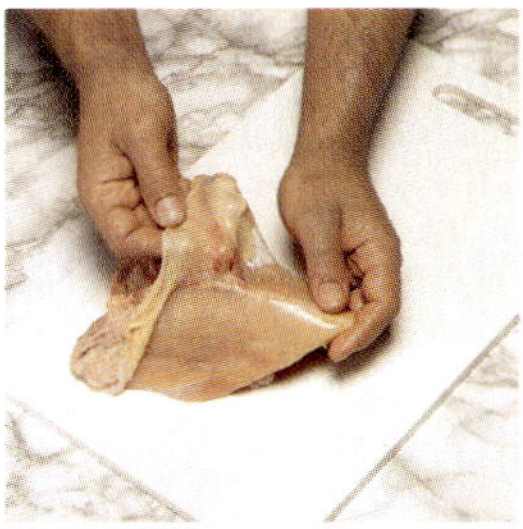

2 Das Messer zwischen das Fleisch und den Knorpel führen, der jeweils an der Brusthälfte entlangläuft. Am Knorpel entlang schneiden und das Fleisch mit der anderen Hand vorsichtig wegziehen.

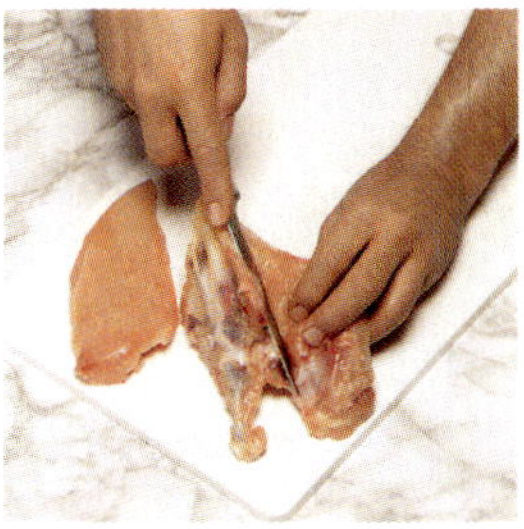

Tips für die Zubereitung von Huhn

- Das Huhn unter fließendem kalten Wasser abspülen und vor der weiteren Verarbeitung gründlich mit Küchenpapier abtrocknen. Auf einer abwaschbaren Arbeitsfläche zubereiten.
- Ein in 6 Teile zerlegtes Huhn ergibt:
  2 Brusthälften
  2 Unterschenkel
  2 Oberschenkel
- Ein in 8 Teile zerlegtes Huhn ergibt:
  4 Brustteile
  2 Unterschenkel
  2 Oberschenkel
- Die Teile können unterschiedlich groß sein. Die angegebenen Garzeiten sind nur als Richtlinie zu betrachten und je nach Größe entsprechend anzupassen.

Hühnerfond

500 g	**Hühnerknochen**
1 ½ l	**Wasser**
75 g	**gehackte Karotten**
75 g	**zerhackte Zwiebeln**
60 g	**gehackten Sellerie**
60 g	**gehackten Lauch**
1	**zerdrückte Knoblauchzehe**
1	**Thymianzweig**
1	**Lorbeerblatt**
10	**ganze Pfefferkörner**
1	**Gewürznelke**

1 Hühnerknochen unter fließendem Wasser abspülen und in einen Suppentopf geben. Wasser dazugießen und zum Kochen bringen. Mit einem Löffel den Schaum von der Oberfläche abschöpfen.

2 Die restlichen Zutaten dazugeben und bei geringer Hitze 1 ½ Stunden köcheln lassen.

3 Das Fett abschöpfen und den Fond durch ein Sieb passieren. Abkühlen lassen und in den Kühlschrank stellen.

Huhn nach spanischer Art

(4 Portionen)

1 ½ kg	**Huhn, in 6 Teile zerlegt**
2 EL	**Olivenöl**
1	**geschälte und zerhackte Zwiebel**
2	**geschälte und zerdrückte Knoblauchzehen**
125 g	**tiefgefrorene Erbsen**
2	**gekochte und in dünne Streifen geschnittene Scheiben mageren Speck**
2	**gelbe Paprikaschoten**
2	**rote Paprikaschoten**
2	**halbierte Tomaten ohne Stielansatz**
1 EL	**gehackte frische Petersilie**
	Salz und Pfeffer

1 Hühnerteile enthäuten und gut mit Salz und Pfeffer würzen. 2 EL Öl bei mittlerer Temperatur in einer Bratpfanne erhitzen. Hühnerteile hinzugeben. 18 Minuten bei schwacher Hitze braten, dabei die Teile 2 bis 3 mal wenden.

2 Hühnerbrüste aus der Pfanne nehmen und zur Seite stellen.

3 Zwiebel und Knoblauch zu den restlichen Hühnerteilen in die Pfanne geben und 8 Minuten weiterbraten. Danach die Hühnerbrüste wieder in die Pfanne legen und Erbsen sowie Speckscheiben dazugeben. 4 Minuten schmoren lassen.

4 In der Zwischenzeit Paprikaschoten halbieren und entkernen. Die Paprikaschoten außen einölen und mit der Schnittfläche auf ein Backblech legen. Die Schnittflächen der Tomaten einölen und ebenfalls auf das Backblech legen. 8 bis 10 Minuten grillen. Danach die Haut der Paprikaschoten abziehen.

5 Petersilie über die Hühnerteile sowie über die gebratenen Paprikaschoten und Tomaten streuen und mit Reis servieren.

Hühnerbrust-Rouladen mit Schinken und Käse

(4 Portionen)

2	ganze ausgebeinte Hühnerbrüste
4	Scheiben luftgetrockneten Schinken
4	Scheiben Greyerzer-Käse
45 g	Butter
2	geschabte und in Scheiben geschnittene Karotten
2	geschälte und in dünne Scheiben geschnittene Schalotten
3/8 l	erwärmten Hühnerfond
1 EL	Maisstärke
3 EL	kaltes Wasser
	Salz und Pfeffer

Ofen auf 180° C vorheizen.

1 Hühnerbrüste enthäuten, halbieren und das Fett wegschneiden. Zwischen Butterbrotpapier legen und mit einem Fleischklopfer aus Holz oder einem Nudelholz auf etwa 5 mm Dicke flachklopfen.

2 Hühnerbrüste mit Salz und Pfeffer würzen und auf die Arbeitsplatte legen. Jede Hälfte mit einer Scheibe Schinken und einer Scheibe Käse belegen. Die Ecken über die Füllung schlagen, einrollen und mit einem Bindfaden umwickeln.

3 Butter bei mittlerer Temperatur in einer feuerfesten Bratenpfanne erhitzen. Die zusammengerollten Hühnerbrüste sowie die Karotten und Schalotten hinzugeben. Gut mit Salz und Pfeffer abschmecken und 3 Minuten auf allen Seiten scharf anbraten.

4 Zudecken und je nach Größe 8 bis 10 Minuten im Ofen fertigschmoren.

5 Sobald die Hühnerbrüste gar sind, aus der Pfanne nehmen und auf einer erwärmten Servierplatte zur Seite stellen.

6 Pfanne auf den Herd stellen. Den Hühnerfond hineingießen und 3 Minuten bei hoher Temperatur aufkochen.

7 Maisstärke mit dem kalten Wasser verrühren, in die Sauce einrühren und 1 Minute bei schwacher Hitze kochen. Hühnerbrust-Rouladen mit der Sauce übergießen und mit Kartoffeln und Zucchini servieren.

Hühnerbrüste zwischen Butterbrotpapier legen und mit einem Fleischklopfer aus Holz oder einem Nudelholz auf etwa 5 mm Dicke flachklopfen.

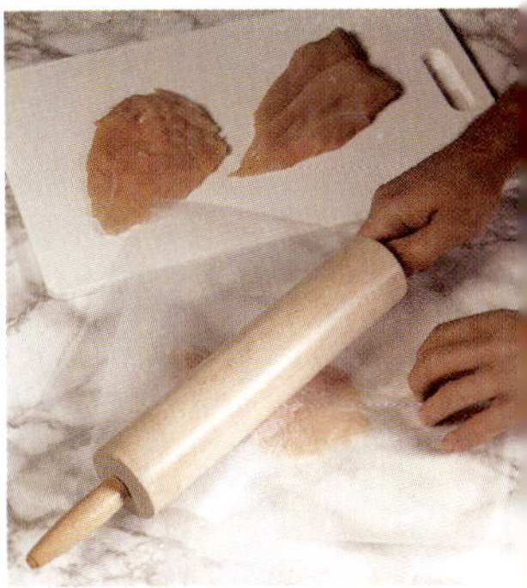

Jedes Teil mit einer Scheibe Schinken und einer Scheibe Käse belegen.

Die Ecken über die Füllung schlagen, einrollen und mit einem Bindfaden umwickeln.

Butter bei mittlerer Temperatur in einer feuerfesten Bratenpfanne erhitzen. Die zusammengerollten Hühnerbrüste sowie die Karotten und Schalotten hinzugeben. Gut mit Salz und Pfeffer abschmecken und 3 Minuten auf allen Seiten scharf anbraten.

Gefüllte Hühnerbrustfilets

(4 Portionen)

2	ganze ausgebeinte Hühnerbrüste
120 g	entsteinte schwarze Oliven
4	abgespülte und abgetropfte Sardellenfilets
1 EL	Limonensaft
1	geschälte und zerdrückte Knoblauchzehe
1 EL	Olivenöl
1 EL	Dijon-Senf
2	halbierte hartgekochte Eier
45 g	Butter
1/4 l	trockenen Weißwein
1 EL	frisches gehacktes Basilikum
	Salz und Pfeffer

Ofen auf 180° C vorheizen.

1 Hühnerbrüste enthäuten, halbieren und das Fett wegschneiden. Zwischen Butterbrotpapier legen und mit einem Fleischklopfer aus Holz oder einem Nudelholz auf etwa 5 mm Dicke flachklopfen. Mit Salz und Pfeffer würzen und in den Kühlschrank stellen.

2 Oliven, Sardellenfilets, Limonensaft, Knoblauch, Öl und Senf in eine Küchenmaschine geben. Eier durch ein Drahtsieb streichen, dazugeben und 30 Sekunden lang pürieren.

3 Hühnerbrüste auf die Arbeitsplatte legen. Die Füllung gleichmäßig auf jedes Filet verteilen. Einrollen und mit einem Bindfaden umwickeln.

4 Butter bei mittlerer Temperatur in einer feuerfesten Bratenpfanne erhitzen. Die gerollten Hühnerbrustfilets auf allen Seiten 3 Minuten scharf anbraten.

5 Zudecken und 8 bis 10 Minuten, bzw. je nach Größe länger, im Ofen fertigschmoren.

6 Sobald die Hühnerbrüste gar sind, aus der Pfanne nehmen und auf einer erwärmten Servierplatte zur Seite stellen.

7 Pfanne auf den Herd stellen. Wein und Basilikum hinzugeben und 3 Minuten bei hoher Temperatur aufkochen.

8 Huhn mit der abgelöschten Sauce übergießen und mit Teigwaren servieren.

Honigsüß marinierte Hühnerbrust

(4 Portionen)

2	**ganze ausgebeinte Hühnerbrüste**
3 EL	**Kräuteressig**
1 ½ EL	**Honig**
2 EL	**Worcestershire-Sauce**
2 TL	**Olivenöl**
1	**geschälte und zerdrückte Knoblauchzehe**
¼ TL	**Oregano**
1	**Prise Thymian**
	Frisch gemahlenen Pfeffer

1 Hühnerbrüste enthäuten, halbieren und zusammen mit den restlichen Zutaten in eine Backform geben. Mit einer Frischhaltefolie abdecken und 1 Stunde in den Kühlschrank stellen.

2 Ofen auf 200° C vorheizen.

3 Hühnerbrüste jetzt in eine feuerfeste Backform legen. Ofeneinstellung auf Grillen stellen. Sobald das Grillelement heiß ist, die Hühnerbrüste auf die dritte Einschubebene von oben in den Ofen schieben und 5 Minuten grillen.

4 Ofentemperatur auf 180° C reduzieren. Hühnerbrüste umdrehen und 10 bis 12 Minuten, bzw. je nach Größe länger, grillen. Zwischendurch die Hühnerbrüste nochmals wenden.

5 Mit Feldsalat oder als herzhaftes Sandwich zwischen getoastetem Brötchen servieren.

Gebackene Hühnerbrust mit Estragon

(4 Portionen)

2	ganze ausgebeinte Hühnerbrüste
30 g	Butter
4	frische Estragonzweige
3/8 l	erwärmten Hühnerfond
1 EL	Maisstärke
3 EL	kaltes Wasser
150 g	tiefgefrorene grüne Erbsen
	Saft einer 1/2 Zitrone
	Salz und Pfeffer

Ofen auf 180° C vorheizen.

1 Hühnerbrüste enthäuten und halbieren. Butter bei mittlerer Temperatur in einer Bratpfanne erhitzen. Hühnerbrüste hinzugeben und 2 Minuten auf jeder Seite anbraten.

2 Hühnerbrüste einlagig in eine feuerfeste Backform legen. Gut mit Salz und Pfeffer würzen und Estragon und Zitronensaft hinzugeben. Mit Alufolie abdecken und 18 Minuten im Ofen braten.

3 Hühnerbrüste aus der Backform nehmen und zur Seite stellen.

4 Backform auf den Herd stellen, den Hühnerfond hineingießen und 3 Minuten bei hoher Temperatur kochen.

5 Maisstärke mit dem kalten Wasser verrühren, in die Sauce einrühren und 30 Sekunden bei mittlerer Hitze aufkochen.

6 Erbsen und Hühnerbrüste hinzugeben, 3 Minuten bei schwacher Hitze köcheln lassen und danach mit Spargel und Kartoffelpüree servieren.

Huhn mit Champignons
(4 Portionen)

1 ½ kg	Huhn, in 8 Teile zerlegt
3 EL	Olivenöl
12	geschälte Schalotten
250 g	geputzte und geviertelte Champignonköpfe
3 EL	Balsam-Essig
3/8 l	erwärmten Hühnerfond
1 EL	Maisstärke
3 EL	kaltes Wasser
1 EL	frische gehackte Petersilie
	Salz und Pfeffer

1 Hühnerteile enthäuten und gut mit Salz und Pfeffer würzen. Öl bei mittlerer Temperatur in einer Bratpfanne erhitzen. Die Hühnerteile sowie die Schalotten hinzufügen und 18 Minuten bei schwacher Hitze braten. 2 bis 3 mal wenden.

2 Hühnerbrüste aus der Pfanne nehmen und zur Seite stellen.

3 Die restlichen Hühnerteile weitere 5 Minuten in der Pfanne braten. Champignons dazugeben, mit Salz und Pfeffer abschmecken und 8 Minuten in der Pfanne lassen bzw. so lange, bis die Hühnerteile gar sind. Danach das Huhn aus der Pfanne nehmen und zur Seite stellen.

4 Einen Schuß Essig dazugeben, Temperatur hochstellen und 2 Minuten kochen. Den Hühnerfond dazugeben und weitere 2 Minuten kochen lassen.

5 Maisstärke mit dem kalten Wasser verrühren und in die Pfanne einrühren. Alle Hühnerteile dazugeben und 3 bis 4 Minuten bei schwacher Hitze köcheln lassen.

6 Mit Petersilie bestreuen und mit Spargel und Polenta servieren.

Huhn mit italienischer Wurst und Wein

(4 Portionen)

1 ½ kg	Huhn, in 6 Teile zerlegt
2 EL	Olivenöl
1	grüne Paprikaschote
1	gelbe Paprikaschote
2	italienische Würste
2	geschälte und zerdrückte Knoblauchzehen
1	kleine geschälte und in Ringe geschnittene Zwiebel
¼ l	Chianti
	Salz und Pfeffer

1 Hühnerteile enthäuten und gut mit Salz und Pfeffer würzen. 2 EL Öl bei mittlerer Temperatur in einer Bratpfanne erhitzen. Die Hühnerteile hinzufügen und 18 Minuten bei schwacher Hitze braten. 2 bis 3 mal wenden.

2 In der Zwischenzeit Paprikaschoten halbieren und entkernen. Die Paprikaschoten außen einölen und mit der Schnittfläche auf ein Backblech legen. 8 bis 10 Minuten im Ofen grillen. Aus dem Ofen nehmen und abkühlen lassen. Danach die Haut abziehen, Paprikaschoten in Streifen schneiden und zur Seite stellen.

3 Die Würste in schräge, maximal 1 cm dicke Scheiben schneiden.

4 Hühnerbrüste aus der Pfanne nehmen und zur Seite stellen.

5 Geschnittene Paprikaschoten, Wurstscheiben, Knoblauch und Zwiebel zu den restlichen Hühnerteilen in die Pfanne geben. Mit Salz und Pfeffer abschmecken und 8 Minuten bei schwacher Hitze schmoren.

6 Hühnerbrüste zurück in die Pfanne legen und 4 Minuten weitergaren. Huhn auf einen vorgewärmten Servierteller legen.

7 Den Wein zu der verbleibenden Sauce in die Pfanne gießen und 3 Minuten bei hoher Temperatur aufkochen. Über das Huhn gießen und servieren.

Brathähnchen in Sake mariniert

(4 bis 6 Portionen)

2	**ganze ausgebeinte Hühnerbrüste**
2 EL	**frischen gehackten Ingwer**
3 EL	**Sojasauce**
3 EL	**Sake**
120 g	**Maisstärke**
	Einige Tropfen Tabasco
	Frisch gemahlenen Pfeffer
	Pflanzenöl zum Braten

1 Hühnerbrüste enthäuten und in 2 cm dicke Stücke schneiden.

2 In eine Schüssel mit Ingwer, Sojasauce, Sake, Tabasco und frisch gemahlenen Pfeffer legen. Bedecken und 30 Minuten marinieren.

3 Hühnerbrüste abtropfen lassen und in Maisstärke wenden.

4 Das Pflanzenöl bei hoher Temperatur in einer tiefen Bratpfanne erhitzen. Sobald das Öl heiß ist, Hühnerbrüste in die Pfanne legen und bei hoher Temperatur bräunen und so lange braten, bis sie durch sind.

5 Mit Pfeffer würzen und mit grünen Bohnen, Gurken und Kartoffelpüree servieren.

Hühnerfrikadellen mit Curry

(4 Portionen)

750 g	**gehacktes Hühnerfleisch**
2 EL	**Semmelbrösel**
1 EL	**frische gehackte Petersilie**
1	**kleines Ei**
3 EL	**Olivenöl**
2	**geschälte und in dünne Scheiben geschnittene Zwiebeln**
2 EL	**Currypulver**
1 TL	**Kümmel**
2 EL	**Mehl**
½ l	**erwärmten Hühnerfond**
	Einige Tropfen Worcestershire-Sauce
	Einige Tropfen Tabasco
	Salz und Pfeffer

1 Gehacktes Hühnerfleisch, Semmelbrösel, Worcestershire-Sauce, Tabasco und Petersilie in die Küchenmaschine geben. Kurz vermengen, Ei dazugeben, mit Salz und Pfeffer würzen und nochmals durchmischen, bis die Masse formbar ist.

2 Die Masse mit der Hand zu kleinen Fleischbällchen formen, zudecken und 15 Minuten in den Kühlschrank stellen.

3 Die Hälfte des Öls bei mittlerer Temperatur in einer Bratpfanne erhitzen. Die Fleischbällchen 4 bis 5 Minuten auf allen Seiten braun braten. Danach Frikadellen aus der Pfannen nehmen und auf Küchenpapier abtropfen lassen.

4 Das restliche Öl in die Pfanne geben. Sobald es heiß ist, die Zwiebeln bei schwacher Hitze 12 Minuten dünsten. Currypulver und Kümmel dazugeben, umrühren und weitere 5 Minuten dünsten lassen.

5 Mehl vorsichtig unterrühren. Hühnerfond dazugießen, gut verrühren und 4 Minuten bei schwacher bis mittlerer Hitze kochen.

6 Die Frikadellen in die Sauce legen, 4 Minuten ziehen lassen und danach servieren.

Hühnerschenkel mit frischer Fenchelknolle

(4 Portionen)

1	**große Fenchelknolle**
4	**Hühnerschenkel**
2 EL	**Olivenöl**
2	**geschälte und in Scheiben geschnittene Knoblauchzehen**
3	**geschälte, entkernte und zerkleinerte Tomaten**
1 TL	**Basilikum**
1	**Lorbeerblatt**
1/4 l	**erwärmten Hühnerfond**
	Salz und Pfeffer

1 Stengel und grüne Blätter der Fenchelknolle entfernen. Halbieren, in dünne Scheiben schneiden und zur Seite stellen.

2 Hühnerschenkel in Ober- und Unterschenkel zerlegen. Haut abziehen.

3 Das Öl bei mittlerer Temperatur in einer Bratpfanne erhitzen und die Hühnerschenkel 6 Minuten auf jeder Seite anbraten.

4 Knoblauch dazugeben und 1 Minute lang mitbraten. Tomaten und Gewürze hinzufügen und bei schwacher Hitze 5 Minuten dünsten.

5 Fenchelscheiben und Hühnerfond dazugeben. Zudecken und 20 Minuten bei schwacher Hitze köcheln lassen.

6 Hühnerschenkel aus der Pfanne nehmen und zur Seite stellen.

7 Weitere 5 bis 6 Minuten ohne Deckel kochen. Die Sauce soll dick und der Fenchel gar sein.

8 Hühnerschenkel zurück in die Pfanne geben, 2 Minuten ziehen lassen. Mit Teigwaren und Brokkoli servieren.

Hühnchen mit Wurzelgemüse

(4 Portionen)

2	geschabte und in Stifte geschnittene Karotten
½	geschabte und in Stifte geschnittene Steckrübe
1 ½ kg	Huhn, in 6 Teile zerlegt
2 EL	Olivenöl
24	geschälte Perlzwiebeln
1 TL	geriebene Zitronenschale
1 EL	frische gehackte Petersilie
¼ TL	Thymian
½ TL	Selleriekörner
⅜ l	erwärmten Hühnerfond
1 EL	Maisstärke
3 EL	kaltes Wasser
	Salz und Pfeffer

1 Die Karotten und die Steckrübe in kochendes Salzwasser legen und so lange kochen, bis sie weich sind. Unter kaltem Wasser abkühlen, gut abtropfen lassen und zur Seite stellen.

2 Hühnerteile enthäuten und gut mit Salz und Pfeffer würzen. Öl bei mittlerer Temperatur in einer Bratpfanne erhitzen. Huhn hinzufügen und 18 Minuten bei schwacher Hitze braten. 2 bis 3 mal wenden.

3 Die Hühnerbrüste aus der Pfanne nehmen und zur Seite stellen.

4 Das gekochte Gemüse, Perlzwiebeln, Zitronenschale und alle Gewürze zu den restlichen Hühnerteilen in die Pfanne geben. Gut umrühren und weitere 10 Minuten dünsten.

5 Hühnerbrüste zurück in die Pfanne geben und 2 bis 3 Minuten bei schwacher Hitze weitergaren.

6 Huhn aus der Pfanne nehmen und auf einem erwärmten Teller legen.

7 Hitze hochstellen, den Hühnerfond in die Pfanne gießen und 4 Minuten kochen lassen.

8 Maisstärke mit dem kalten Wasser verrühren, in die Pfanne einrühren und 1 Minute kochen lassen. Danach löffelweise das Huhn damit übergießen. Mit Kartoffeln servieren.

Hühnerbrust mit Gemüsemix

(4 Portionen)

2	ganze ausgebeinte Hühnerbrüste
45 g	Butter
2	geschälte und in Scheiben geschnittene Schalotten
1	geschälte, entkernte und in 1 cm dicke Scheiben geschnittene Gurke
90 g	Wasserkastanien
3 EL	Sherry
½ l	erwärmten Hühnerfond
2 EL	frischen, gehackten Fenchel
1 EL	Maisstärke
3 EL	kaltes Wasser
	Salz und Pfeffer

1 Hühnerbrüste enthäuten, halbieren und gut mit Salz und Pfeffer würzen. Butter bei mittlerer Temperatur in Bratpfanne erhitzen. Die Hühnerbrüste hineinlegen und je nach Größe auf jeder Seite 4 bis 5 Minuten braten.

2 Danach aus der Pfanne nehmen und zur Seite stellen.

3 Schalotten, Gurke und Wasserkastanien in die heiße Pfanne geben. 2 Minuten dünsten. Temperatur hochstellen, Wein dazugießen und 1 Minute aufkochen.

4 Hühnerfond und Fenchel dazugeben, gut mit Salz und Pfeffer abschmecken und 2 Minuten kochen lassen.

5 Maisstärke mit dem kalten Wasser verrühren, in die Pfanne einrühren und 1 Minute bei schwacher Hitze weiterkochen lassen.

6 Hühnerbrüste zurück in die Pfanne legen und vor dem Servieren 3 Minuten ziehen lassen. Mit Kartoffeln und grünen Bohnen servieren.

Gebratenes Huhn in Champignon-Weinsauce

(4 Portionen)

1 ½ kg	**Huhn, in 6 Teile zerlegt**
1 EL	**Olivenöl**
30 g	**Butter**
12	**geschälte Schalotten**
250 g	**geputzte und halbierte frische Champignons**
1 EL	**frische gehackte Petersilie**
1 EL	**frisches gehacktes Basilikum**
2 EL	**Mehl**
¼ l	**trockenen Weißwein**
⅛ l	**erwärmten Hühnerfond**
	Salz und Pfeffer

1 Hühnerteile enthäuten und gut mit Salz und Pfeffer würzen. Öl und Butter bei mittlerer Temperatur in einer Bratpfanne erhitzen. Hühnerteile und Schalotten hinzugeben. 18 Minuten bei schwacher Hitze braten, dabei die Teile 2 bis 3 mal wenden.

2 Die Hühnerbrüste aus der Pfanne nehmen und zur Seite stellen.

3 Champignons und Gewürze zu den restlichen Hühnerteilen in die Bratpfanne geben und bei mittlerer Hitze 4 Minuten garen.

4 Mehl vorsichtig unterrühren. Wein und Hühnerfond dazugießen, gut verrühren und 6 Minuten bei schwacher Hitze kochen lassen.

5 Hühnerbrüste zurück in die Pfanne legen und vor dem Servieren 3 bis 4 Minuten ziehen lassen. Mit Teigwaren und Zucchini servieren.

Gebratenes Huhn mit Feigenfüllung

(4 bis 6 Portionen)

50 g	**Butter**
6	**geschälte und geviertelte Schalotten**
½	**in Würfel geschnittene Selleriestange**
12	**geschälte und grob gehackte frische Feigen**
1	**geschälte und in Scheiben geschnittene Knoblauchzehe**
½ TL	**Majoran**
200 g	**gewaschenen Langkornreis**
½ l	**erwärmten Hühnerfond**
2 kg	**Huhn**
	Salz und Pfeffer

Ofen auf 220° C vorheizen.

1 15 g Butter bei mittlerer Temperatur in einer Pfanne erhitzen. Schalotten, Sellerie und Feigen hinzugeben und 3 Minuten dünsten.

2 Knoblauch und Majoran dazugeben, gut umrühren und 1 Minute aufkochen. Reis dazugeben, gut mischen und 2 Minuten weiterdünsten.

3 Hühnerfond dazugießen, gut mit Salz und Pfeffer abschmecken und aufkochen. Zudecken und bei schwacher Hitze 20 Minuten weiterkochen lassen.

4 Huhn säubern und gründlich abtrocknen. Innen und außen gut mit Salz und Pfeffer würzen. Feigenfüllung einfüllen und dressieren.

5 Huhn in eine gefettete Bratenpfanne legen. Die Haut mit der restlichen Butter bestreichen und 20 Minuten im Ofen backen.

6 Temperatur auf 180° C reduzieren, 1¼ Stunden weiterbacken und dabei alle 10 Minuten mit dem Fett begießen.

7 Mit einer Sauce servieren.

Huhn und Champignons in cremiger Portweinsauce

(4 Portionen)

2	ganze ausgebeinte Hühnerbrüste
60 g	Butter
500 g	gesäuberte und gedrittelte frische Pilze
2	geschälte und gehackte Schalotten
3 EL	Portwein
1/4 l	Schlagsahne
1 EL	frisches gehacktes Basilikum
	Salz und Pfeffer

1 Hühnerbrüste enthäuten und in 1 cm dicke Streifen schneiden. Die Hälfte der Butter bei mittlerer Temperatur in einer großen Bratpfanne erhitzen. Die Hälfte der Hühnerbrüste dazugeben und gut mit Salz und Pfeffer würzen. 3 bis 4 Minuten bei hoher Temperatur anbraten und dabei 1 mal wenden. Die Hühnerbrüste aus der Pfanne nehmen und zur Seite stellen.

2 Die restlichen Hühnerbruststreifen in die heiße Pfanne legen und in gleicher Weise anbraten. Danach auch diese Hühnerbruststreifen zu den anderen legen.

3 Die restliche Butter in die Pfanne geben. Sobald sie heiß ist, Pilze und Schalotten 6 Minuten bei mittlerer Hitze dünsten, gut mit Salz und Pfeffer abschmecken.

4 Portwein dazugießen und 2 Minuten aufkochen. Danach die Sahne dazugießen, gut umrühren, mit Salz und Pfeffer abschmecken und 4 Minuten kochen lassen.

5 Die Hühnerbruststreifen zurück in die Pfanne legen, gut umrühren und mit Basilikum bestreuen. Vor dem Servieren bei schwacher Hitze 2 Minuten ziehen lassen. Mit Reis, grünen Bohnen und gelben Zucchinischeiben servieren.

Hühnerbrüste enthäuten und in 1 cm dicke Streifen schneiden.

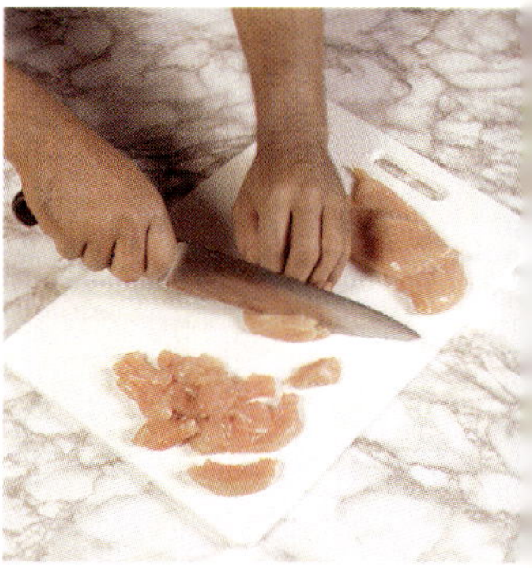

Die restlichen Hühnerbruststreifen in die heiße Pfanne legen und in gleicher Weise anbraten. Danach auch diese Hühnerbruststreifen zu den anderen legen.

Die restliche Butter in die Pfanne geben. Sobald sie heiß ist, Pilze und Schalotten 6 Minuten bei mittlerer Hitze dünsten, gut mit Salz und Pfeffer abschmecken.

Die Hühnerbruststreifen zurück in die Pfanne legen, gut umrühren und mit Basilikum bestreuen. Vor dem Servieren bei schwacher Hitze 2 Minuten ziehen lassen.

Huhn nach Jägerart

(4 Portionen)

1 ½ kg	**Huhn, in 6 Teile zerlegt**
2 EL	**Olivenöl**
3	**geschälte und in dünne Scheiben geschnittene Knoblauchzehen**
2	**geschälte und zerhackte Schalotten**
250 g	**geputzte und halbierte frische Pilze**
⅛ l	**Chianti**
3	**geschälte, entkernte und zerkleinerte Tomaten**
¼ TL	**Chilipulver**
1 EL	**frisches gehacktes Basilikum**
	Salz und Pfeffer

1 Hühnerteile enthäuten und gut mit Salz und Pfeffer würzen. Öl bei mittlerer Temperatur in einer Bratpfanne erhitzen. Hühnerteile hinzugeben. 18 Minuten bei schwacher Hitze braten, dabei die Teile 2 bis 3 mal wenden.

2 Die Hühnerbrüste aus der Pfanne nehmen und zur Seite stellen.

3 Knoblauch, Schalotten und Pilze zu den restlichen Hühnerteilen in die Pfanne geben, gut mit Salz und Pfeffer abschmecken und 10 Minuten bei schwacher Hitze dünsten.

4 Die restlichen Hühnerteile aus der Pfanne nehmen und zur Seite stellen.

5 Hitze höher stellen, den Wein dazugießen und 2 Minuten aufkochen. Tomaten, Chilipulver und Basilikum dazugeben und bei mittlerer Hitze 6 Minuten weiterkochen lassen.

6 Die Hühnerteile zurück in die Pfanne geben und vor dem Servieren 3 Minuten ziehen lassen. Mit Teigwaren und Brokkoli servieren.

Huhn mit Gurkengemüse

(4 Portionen)

1½ kg	Huhn, in 6 Teile zerlegt
2 EL	Olivenöl
15 g	Butter
2	geschälte und gehackte Schalotten
1	große geschälte, entkernte und in Würfel geschnittene Gurke
2 EL	Mehl
¼ l	trockenen Weißwein
¼ l	erwärmten Hühnerfond
1 EL	frische gehackte Petersilie
	Salz und Pfeffer
	Einige Tropfen Zitronensaft

1 Hühnerteile enthäuten und gut mit Salz und Pfeffer würzen. Öl und Butter bei mittlerer Temperatur in einer Bratpfanne erhitzen. Hühnerteile hinzugeben. 18 Minuten bei schwacher Hitze braten, dabei die Teile 2 bis 3 mal wenden.

2 Die Hühnerbrüste aus der Pfanne nehmen und zur Seite stellen.

3 Schalotten und Gurkenwürfel zu den restlichen Hühnerteilen in die Pfanne geben, und 1 Minuten weiterbraten. Vorsichtig Mehl unterrühren. Wein und Hühnerfond dazugießen und gut vermischen. Bei schwacher Hitze 8 Minuten kochen lassen.

4 Hühnerbrüste zurück in die Pfanne legen und 3 Minuten weitergaren. Vor dem Servieren mit Petersilie bestreuen und mit einigen Tropfen Zitronensaft beträufeln. Mit Reis und Auberginen servieren.

Huhn mit Paprikaschoten und Tomaten

(4 Portionen)

1 ½ kg	Huhn, in 6 Teile zerlegt
3 EL	Olivenöl
1	kleine geschälte und zerhackte Zwiebel
2	geschälte und zerdrückte Knoblauchzehen
1	entkernte und zerhackte Chilischote
1	in Streifen geschnittene grüne Paprikaschote
½	in Streifen geschnittene gelbe Paprikaschote
⅛ l	trockenen Weißwein
2	geschälte, entkernte und grob zerkleinerte Tomaten
1 EL	frisches gehacktes Basilikum
	Salz und Pfeffer

1 Hühnerteile enthäuten und gut mit Salz und Pfeffer würzen. Öl bei mittlerer Temperatur in einer Bratpfanne erhitzen. Hühnerteile hinzugeben. 18 Minuten bei schwacher Hitze braten, dabei die Teile 2 bis 3 mal wenden.

2 Die Hühnerbrüste aus der Pfanne nehmen und zur Seite stellen.

3 Zwiebel, Knoblauch, Chilischote sowie Paprikaschoten zu den restlichen Hühnerteilen in die Pfanne geben und 3 Minuten bei schwacher Hitze weiterbraten. Wein dazugießen und 1 Minute aufkochen.

4 Tomaten und Basilikum dazugeben. Gut mit Salz und Pfeffer abschmecken und bei schwacher Hitze 6 Minuten köcheln lassen.

5 Hühnerbrüste zurück in die Pfanne legen und 3 bis 4 Minuten ziehen lassen. Mit Bratkartoffeln servieren.

Huhn in Madeira

(4 Portionen)

1 ½	kg Huhn, in 6 Teile zerlegt
2 EL	Olivenöl
12	geschälte Schalotten
24	kleine, runde, weiße, geschälte Kartoffeln, 6 Minuten gekocht
2	geschälte und zerdrückte Knoblauchzehen
4	halbierte Artischockenböden
3 EL	Madeirawein
1 EL	frische gehackte Petersilie
	Salz und Pfeffer

1 Hühnerteile enthäuten und gut mit Salz und Pfeffer würzen. Öl bei mittlerer Temperatur in einer Bratpfanne erhitzen. Hühnerteile hinzugeben. 10 Minuten bei schwacher Hitze braten, dabei die Teile 1 bis 2 mal wenden.

2 Schalotten dazugeben und 8 Minuten weiterbraten.

3 Hühnerbrüste aus der Pfanne nehmen und zur Seite stellen.

4 Kartoffeln, Knoblauch und Artischockenböden zu den restlichen Hühnerteilen in die Pfanne geben, gut mit Salz und Pfeffer abschmecken und 8 Minuten bei schwacher Hitze weitergaren.

5 Hühnerbrüste zurück in die Pfanne geben, Wein dazugießen und 4 Minuten kochen lassen. Mit Petersilie bestreuen und mit Spargel servieren.

Hühnerfrikassée

(4 Portionen)

6 EL	Olivenöl
4	Baguette-Scheiben, 1 cm dick geschnitten und gewürfelt
3	geschälte und zerdrückte Knoblauchzehen
1½ kg	Huhn, in 8 Teile zerlegt
15 g	Butter
24	geschälte Perlzwiebeln
250 g	geputzte frische Champignons
⅛ l	trockenen Weißwein
¼ l	erwärmten Hühnerfond
1 EL	Maisstärke
3 EL	kaltes Wasser
1 EL	gehackte Petersilie
	Salz und Pfeffer

1 4 EL Öl bei hoher Temperatur in einer Bratpfanne erhitzen. Brot 2 Minuten anbräunen. Knoblauch dazugeben und bei mittlerer Hitze 2 Minuten auf dem Herd lassen. Öfter umrühren. Die gerösteten Croûtons auf Küchenpapier abtropfen lassen.

2 Hühnerteile enthäuten und gut mit Salz und Pfeffer würzen. Butter und 2 EL Öl bei mittlerer Temperatur in der Bratpfanne erhitzen. Hühnerteile dazugeben, bei schwacher Hitze 14 Minuten braten und dabei 2 bis 3 mal wenden. Hühnerbrüste aus der Pfanne nehmen.

3 Perlzwiebeln und Champignonköpfe zu den restlichen Hühnerteilen in die Pfanne geben. Gut mit Salz und Pfeffer abschmecken und bei schwacher Hitze 10 Minuten lang dünsten.

4 Hühnerbrüste zurück in die Pfanne geben und 4 Minuten köcheln lassen, danach Huhn und Gemüse auf einen Teller legen.

5 Den Wein zu der in der Pfanne verbliebenen Sauce gießen. Temperatur höher stellen und 2 Minuten lang aufkochen. Mit Hühnerfond aufgießen und 3 Minuten kochen lassen.

6 Maisstärke mit dem kalten Wasser verrühren, in die Sauce einrühren und 1 Minute bei schwacher Hitze kochen. Danach die Sauce über Huhn und Gemüse gießen. Mit Petersilie und Croûtons bestreuen.

4 EL Öl bei hoher Temperatur in einer Bratpfanne erhitzen. Brot in die Pfanne geben und 2 Minuten auf allen Seiten anbräunen. Knoblauch dazugeben und bei mittlerer Hitze 1 bis 2 Minuten auf dem Herd lassen.

Butter und 2 EL Öl bei mittlerer Temperatur in der Bratpfanne erhitzen. Hühnerteile dazugeben, bei schwacher Hitze 14 Minuten braten und dabei 2 bis 3 mal wenden.

Perlzwiebeln und Champignonköpfe zu den restlichen Hühnerteilen in die Pfanne geben. Gut mit Salz und Pfeffer abschmecken und bei schwacher Hitze 10 Minuten dünsten.

Maisstärke mit dem kalten Wasser verrühren, in die Sauce einrühren und 1 Minute kochen.

Huhn in Estragon-Sahnesauce

(4 Portionen)

1 ½ kg	**Huhn, in 6 Teile zerlegt**
45 g	**Butter**
350 g	**geputzte und in dicke Scheiben geschnittene Pilze**
1 EL	**grob gehackten frischen Estragon**
¼ l	**trockenen Weißwein**
¼ l	**Schlagsahne**
	Salz und Pfeffer
	Cayennepfeffer zum Abschmecken

1 Hühnerteile enthäuten und gut mit Salz, Pfeffer und Cayennepfeffer würzen. Butter bei mittlerer Temperatur in einer Bratpfanne erhitzen. Hühnerteile hinzugeben. 18 Minuten bei schwacher Hitze braten, dabei die Teile 2 bis 3 mal wenden.

2 Die Hühnerbrüste aus der Pfanne nehmen und in einem vorgewärmten Ofen zur Seite stellen.

3 Pilze und Estragon zu den restlichen Hühnerteilen in die Pfanne geben, gut umrühren und bei schwacher Hitze 10 Minuten dünsten.

4 Die Hühnerbrüste wieder in die Pfanne legen und 3 Minuten köcheln lassen.

5 Alle Hühnerteile aus der Pfanne nehmen und in den vorgewärmten Ofen stellen.

6 Temperatur unter der Pfanne höher stellen, Wein dazugießen und 3 bis 4 Minuten kochen. Danach Sahne dazugießen, gut mit Salz und Pfeffer abschmecken und weitere 6 Minuten kochen lassen.

7 Sauce über das Huhn gießen und mit Reis, in feine Streifen geschnittene Zucchini und jungem Mais servieren.

Backhähnchen nach Texas-Art

(4 Portionen)

1 ½ kg	Huhn, in 6 Teile zerlegt
2 EL	Pflanzenöl
1/4 l	Chilisauce
40 g	zerhackte Zwiebeln
2	geschälte und in Scheiben geschnittene Knoblauchzehen
1 EL	Weinessig
¼ TL	zerdrückten Chili
¼ TL	Chilipulver
½ TL	gemahlenen Oregano
1 EL	Worcestershire-Sauce
	Salz und Pfeffer

Ofen auf 180° C vorheizen.

1 Hühnerteile enthäuten und gut mit Salz und Pfeffer würzen. Öl bei mittlerer Temperatur in einer feuerfesten Bratenpfanne erhitzen. Hühnerteile hinzugeben und 4 Minuten auf allen Seiten anbräunen. Überschüssiges Fett wegschütten.

2 Die restlichen Zutaten in einer Bratpfanne zusammenrühren und erhitzen.

3 Sauce über die Hühnerteile gießen und gut mit Salz und Pfeffer abschmecken. Zugedeckt 15 Minuten im Ofen schmoren lassen.

4 Die Hühnerbrüste aus der Pfanne nehmen und warmhalten.

5 Die restlichen Hühnerteile je nach Größe 16 bis 18 Minuten weiterschmoren.

6 Vier Minuten vor Ende der Garzeit die Hühnerbrüste in die Bratenpfanne zurücklegen und ohne Deckel fertigschmoren lassen. Mit Pommes frites und Mais servieren.

Huhn in klassischer Rotweinsauce

(4 Portionen)

1 ½ kg	**Huhn, in 6 Teile zerlegt**
3 EL	**Olivenöl**
3	**geschälte und gehackte Schalotten**
2	**geschälte und zerdrückte Knoblauchzehen**
250 g	**geputzte und halbierte frische Pilze**
3/8 l	**trockenen Rotwein**
30 g	**Butter**
1 EL	**Mehl**
	Salz und Pfeffer

1 Hühnerteile enthäuten und gut mit Salz und Pfeffer würzen. Öl bei mittlerer Temperatur in einer Bratpfanne erhitzen. Hühnerteile hinzugeben. 18 Minuten bei schwacher Hitze braten, dabei die Teile 2 bis 3 mal wenden.

2 Die Hühnerbrüste aus der Pfanne nehmen und zur Seite stellen.

3 Schalotten, Knoblauch und Pilze zu den restlichen Hühnerteilen in die Pfanne geben und gut mit Salz und Pfeffer abschmecken. Gut umrühren und 10 Minuten bei mittlerer Hitze dünsten.

4 Die restlichen Hühnerteile aus der Pfanne nehmen, zur Seite stellen und warmhalten.

5 Temperatur hochstellen, den Wein in die Pfanne gießen und 3 Minuten kochen lassen.

6 Die Butter mit dem Mehl zu einer glatten Paste verrühren und gründlich in die Sauce einrühren. Alle Hühnerteile in die Sauce zurückgeben und 4 Minuten bei schwacher Hitze köcheln lassen. Mit Zucchini und Kartoffeln servieren.

Huhn in der Kasserolle

(4 Portionen)

1 ½ kg	Huhn, in 6 Teile zerlegt
2 EL	Olivenöl
8	geschälte und gehackte Schalotten
2	geschälte und zerdrückte Knoblauchzehen
1	frischen Rosmarinzweig
1	frischen Salbeizweig
2	frische Petersilienzweige
1	Lorbeerblatt
3	große geschälte, entkernte und grob zerkleinerte Tomaten
1 EL	Limonensaft
	Salz und Pfeffer
	Frische gehackte Petersilie

Ofen auf 180° C vorheizen.

1 Hühnerteile enthäuten und gut mit Salz und Pfeffer würzen. Öl in einer feuerfesten Bratenpfanne bei mittlerer Temperatur erhitzen. Hühnerteile hinzugeben und 3 Minuten auf allen Seiten anbräunen.

2 Schalotten und Knoblauch dazugeben und 1 Minute weiterbraten lassen.

3 Kräuterzweige und das Lorbeerblatt zusammenbinden und mit den Tomaten in die Pfanne geben. Gut mit Salz und Pfeffer abschmekken und 16 Minuten zugedeckt im Ofen schmoren lassen.

4 Die Hühnerbrüste aus der Pfanne nehmen, zur Seite stellen und warmhalten.

5 Die restlichen Hühnerteile je nach Größe 16 bis 18 Minuten im Ofen schmoren lassen. 8 Minuten vor Ende der Garzeit Limonensaft einrühren.

6 Die Pfanne auf den Herd zurückstellen und die Hühnerbrüste bei schwacher Hitze 2 Minuten köcheln lassen.

7 Hühnerteile auf einen vorgewärmten Teller legen und warmhalten.

8 Die Kräuterzweige aus der Pfanne nehmen und wegwerfen. Den restlichen Inhalt der Pfanne weitere 3 Minuten bei hoher Temperatur kochen lassen. Über das Huhn gießen und mit Petersilie bestreuen. Mit Teigwaren und Gemüseallerlei servieren.

Huhn mit gebratenen Paprikaschoten

(4 Portionen)

1	rote Paprikaschote
1	grüne Paprikaschote
1	gelbe Paprikaschote
2	Chilischoten
3 EL	Olivenöl
1 ½ kg	Huhn, in 8 Teile zerlegt
2	geschälte und zerdrückte Knoblauchzehen
3 EL	Limonensaft
	Salz und Pfeffer

1 Paprika- und Chilischoten entkernen und halbieren. Die Außenhaut einölen und mit der Schnittfläche auf ein Backblech legen. 6 Minuten im Ofen grillen. Chilischoten aus dem Ofen nehmen und abkühlen lassen. Paprikaschoten weitere 6 bis 8 Minuten grillen und 1 Mal umdrehen. Danach die Haut abziehen, Paprika- und Chilischoten in Würfel schneiden und zur Seite stellen.

2 Ofen auf 180° vorheizen.

3 Hühnerteile enthäuten und gut mit Salz und Pfeffer würzen. Das restliche Öl bei mittlerer Temperatur in einer feuerfesten Bratenpfanne erhitzen. Hühnerteile hinzugeben und 4 Minuten auf allen Seiten anbraten.

4 Knoblauch hinzugeben und gut umrühren. Zugedeckt weitere 15 Minuten im Ofen schmoren lassen.

5 Die Hühnerbrüste aus der Pfanne nehmen, zur Seite stellen und warmhalten.

6 Die angebratenen Paprika- und Chilischoten in die Pfanne geben und mit den restlichen Hühnerteilen je nach Größe weitere 12 Minuten schmoren.

7 Die Hühnerbrüste in die Pfanne zurückgeben, den Limonensaft unterrühren, 3 Minuten weiterkochen und mit Reis servieren.

Gegrillter Hühnerspieß
(4 Portionen)

2	ganze ausgebeinte Hühnerbrüste
3 EL	Sake
3 EL	Sojasauce
1 TL	Sesamöl
2	geschälte und in Scheiben geschnittene Knoblauchzehen
½ TL	zerdrückten Chili
½ TL	Korianderkörner
1 TL	Kümmel
1 EL	Honig
1 TL	Sesamkörner
	Saft 1 Zitrone
	Frisch gemahlenen Pfeffer

1 Die Hühnerbrüste enthäuten, in 2,5 cm breite Stücke schneiden und in eine Schüssel legen.

2 Die restlichen Zutaten, mit Ausnahme der Sesamkörner, vermischen und über das Huhn geben.

3 Gut vermischen, zudecken und 1 Stunde in den Kühlschrank stellen.

4 Ofen auf 200° C vorheizen, dann auf Grillen stellen.

5 Hühnerteile auf Metallspieße aufspießen und je nach Größe 6 bis 8 Minuten grillen. Mit Marinade bestreichen und die Spieße während des Grillens mehrmals drehen.

6 Mit Sesamkörnern bestreuen und mit Reis, Erbsen, gelben Paprikaschoten und Pilzen servieren.

Huhn nach Burgunder Art

(4 Portionen)

2 kg	Huhn, in 6 Teile zerlegt
1 TL	Olivenöl
125 g	gewürfelten Speck
24	geschälte Perlzwiebeln
3	geschälte und zerdrückte Knoblauchzehen
250 g	geputzte frische Champignonköpfe
¾ l	Rotwein
3	frische Petersilienzweige
1	frischen Thymianzweig
2	Lorbeerblätter
2 EL	Mehl
45 g	Butter

Ofen auf 180° C vorheizen.

1 Hühnerteile enthäuten und gut mit Salz und Pfeffer würzen. Öl in einer großen feuerfesten Kasserolle erhitzen. Speck dazugeben und 4 Minuten bei schwacher Hitze anbraten. Zwiebeln dazugeben und weitere 4 Minuten braten lassen.

2 Speck und Zwiebeln mit einem Bratenheber aus der Kasserolle heben und zur Seite legen. Die Hühnerteile in die heiße Bratenpfanne legen und bei schwacher Hitze 4 Minuten auf allen Seiten anbräunen.

3 Speck und Zwiebeln in die Pfanne zurücklegen. Knoblauch und Pilze dazugeben. Gut vermischen und eine Minute weitergaren.

4 Den Wein und eine Prise Zucker dazugeben. Die Kräuterzweige und das Lorbeerblatt zusammenbinden, in die Bratenpfanne legen und das Ganze gut mit Salz und Pfeffer abschmecken. Zugedeckt weitere 40 bis 45 Minuten im Ofen schmoren lassen.

5 Das Huhn, sobald es fertig ist, aus der Pfanne nehmen. Zwiebeln und Pilze ebenfalls herausnehmen und zur Seite stellen. Kräuter aus der Pfanne nehmen und wegwerfen.

6 Pfanne auf den Herd stellen. Mehl mit Butter verrühren, bei großer Hitze in die Sauce einrühren und weitere 2 Minuten kochen lassen.

7 Huhn, Zwiebeln und Pilze in die Sauce zurückgeben und bei schwacher Hitze 3 Minuten köcheln lassen. Mit Nudeln servieren.

Hühnerschnitzel

(4 Portionen)

2	ganze ausgebeinte Hühnerbrüste
60 g	geriebenen Parmesan-Käse
2	geschlagene Eier
180 g	Semmelbrösel
3 EL	Pflanzenöl
4	mit Sardellenfilets dekorierte Zitronenscheiben
	Salz und Pfeffer

1 Hühnerbrüste enthäuten, halbieren und das Fett wegschneiden. Zwischen Butterbrotpapier legen und mit einem Fleischklopfer aus Holz auf etwa 5 mm Dicke flachklopfen.

2 Hühnerbrüste gut mit Salz und Pfeffer würzen und in den geriebenen Parmesan legen. Danach durch die geschlagenen Eier ziehen und vollständig mit den Semmelbröseln bedecken.

3 Öl bei mittlerer Temperatur in einer großen Bratpfanne erhitzen. Die Hühnerbrüste hineinlegen und je nach Größe 3 bis 4 Minuten auf jeder Seite braten.

4 Mit den Zitronenscheiben dekorieren und mit Tomatensauce servieren.

Huhn in der Cocotte

(4 Portionen)

125 g	gewürfelten Speck
24	geschälte Perlzwiebeln
1 ½ kg	dressiertes Huhn
8	kleine geschälte neue Kartoffeln
2	große geschabte und in 2,5 cm lange Stücke geschnittene Karotten
⅜ l	erwärmten Hühnerfond
2	frische Petersilienzweige
1	frischen Thymianzweig
15 g	Butter
4	halbierte Artischockenböden
1 EL	Maisstärke
3 EL	kaltes Wasser

Ofen auf 160° C vorheizen.

1 Speck in einen mittelgroßen Topf geben und 3 Minuten bei mittlerer Hitze anbraten. Zwiebeln dazugeben, die Temperatur herunterschalten und 3 Minuten dünsten lassen. Speck und Zwiebeln herausnehmen und zur Seite stellen.

2 Das Huhn in den Topf legen und 16 Minuten bei schwacher Hitze auf allen Seiten anbräunen.

3 Kartoffeln und Karotten hinzugeben, gut mit Salz und Pfeffer abschmecken und weitere 15 Minuten schmoren lassen. Den Hühnerfond, die frischen Kräuter und den zur Seite gestellten Speck sowie die Zwiebeln hinzufügen, zudecken und weitere 35 bis 40 Minuten schmoren lassen.

4 8 Minuten vor Beendigung des Kochvorganges die Butter bei mittlerer Temperatur in einer Bratpfanne erhitzen. Artischockenhälften dazugeben, 2 Minuten anbraten und danach zu dem Huhn geben.

5 Sobald das Huhn gar ist, zusammen mit dem Gemüse auf eine vorgewärmte Warmhalteplatte legen.

6 Topf bei mittlerer Hitze auf den Herd stellen. Maisstärke mit dem kalten Wasser verrühren und in die Sauce einrühren. 1 Minute aufkochen und dann über das Huhn gießen.

Speck in einen mittelgroßen Topf geben und 3 Minuten bei mittlerer Hitze anbraten. Zwiebeln dazugeben, die Temperatur herunterschalten und 3 Minuten weiterbraten.

Kartoffeln und Karotten hinzugeben, gut mit Salz und Pfeffer abschmecken und weitere 15 Minuten schmoren lassen.

Den Hühnerfond, die frischen Kräuter und den zur Seite gestellten Speck sowie die Zwiebeln hinzufügen.

Die Artischockenhälften zu dem Huhn geben.

Huhn mit Knoblauch-Sardellen-Püree

(4 Portionen)

12	**abgespülte und abgetropfte Sardellenfilets**
6	**blanchierte und pürierte Knoblauchzehen**
3 EL	**weißen Weinessig**
3 EL	**trockenen Weißwein**
1 EL	**frisches gehacktes Basilikum**
2	**ganze ausgebeinte Hühnerbrüste**
4 EL	**Olivenöl**
	Frisch gemahlenen Pfeffer

1 Sardellenfilets und Knoblauch in einem Mörser pürieren. Essig, Wein und Basilikum dazugeben, zu einem Brei verrühren und zur Seite stellen.

2 Hühnerbrüste enthäuten und in 2,5 cm breite Streifen schneiden. 3 EL Öl bei hoher Temperatur in einer Bratpfanne erhitzen. Die Hälfte der Hühnerbruststreifen dazugeben, mit Pfeffer würzen und 2 bis 3 Minuten bei großer Hitze braten. Danach aus der Pfanne nehmen.

3 Die restlichen Hühnerbruststreifen in die heiße Pfanne geben und in gleicher Weise braten. Aus der Pfanne nehmen und ebenfalls zur Seite stellen.

4 Das restliche Öl in die heiße Pfanne geben, das Sardellenpüree hineinrühren und 30 Sekunden aufkochen.

5 Die Hühnerbruststreifen in die Pfanne zurückgeben, gut umrühren, 1 Minute aufkochen und mit Reis und Gurkengemüse servieren.

Hühnerbrust mit grünen Trauben

(4 Portionen)

2	ganze ausgebeinte Hühnerbrüste
45 g	Butter
2	geschälte und in Scheiben geschnitten Schalotten
1 EL	Honig
¼ l	trockenen Weißwein
1 TL	Estragon
225 g	kernlose grüne Trauben
⅛ l	Schlagsahne
	Salz und Pfeffer
	Frische gehackte Petersilie

1 Hühnerbrüste enthäuten und halbieren. Butter bei mittlerer Temperatur in einer Bratpfanne erhitzen. Hühnerbrüste hineinlegen, mit Salz und Pfeffer würzen und 2 Minuten auf jeder Seite anbraten.

2 Schalotten und Honig dazugeben und 8 bis 10 Minuten bei schwacher Hitze dünsten. Die Hühnerbrüste aus der Pfanne nehmen, zur Seite stellen und warmhalten.

3 Wein und Estragon in die heiße Pfanne geben und 2 Minuten bei großer Hitze aufkochen. Grüne Trauben und Sahne einrühren, gut mit Salz und Pfeffer abschmecken und 3 Minuten bei mittlerer Hitze kochen lassen.

4 Die Hühnerbrüste in die Pfanne zurücklegen und bei schwacher Hitze 1 Minute köcheln lassen. Mit gehackter Petersilie bestreuen und mit Kartoffeln servieren.

Gekochtes Huhn mit Reis

(4 Portionen)

3	geschabte Karotten
2	Selleriestangen
2	Lorbeerblätter
3	frische Petersilienzweige
1	frischen Thymianzweig
2	frische Basilikumzweige
2 kg	geputztes und dressiertes Huhn
2½ l	Wasser
2	geschälte und mit Nelken gespickte Zwiebeln
300 g	gewaschenen Langkornreis
	Salz und Pfeffer

1 Karotten, Selleriestangen, Lorbeerblätter und die frischen Kräuter zu einem Bund zusammenbinden.

2 Huhn in einen großen Topf legen, das Wasser dazugießen und bei mittlerer Hitze 10 Minuten kochen lassen. Zwischendurch den Schaum abschöpfen.

3 Gemüse und Kräuter in den Topf geben und gut mit Salz und Pfeffer würzen. Mit geöffnetem Deckel bei schwacher Hitze 1½ Stunden kochen lassen. Das Geheimnis dieses Rezeptes besteht darin, daß das Huhn langsam gargekocht wird. Das Wasser sollte gerade eben nur sichtbar köcheln. Den Reis nach 1 Stunde Kochzeit dazugeben.

4 Das Huhn mit Gemüse servieren.

Makkaroni in der Hühnerkasserolle

(4 bis 6 Portionen)

4	**große Hühnerschenkel**
75 g	**Butter**
½	**gewürfelte Selleriestange**
2	**geschälte und in Scheiben geschnittene Knoblauchzehen**
2	**geschälte und gehackte Schalotten**
1	**Lorbeerblatt**
¼ TL	**Thymian**
½ l	**Hühnerfond**
4 EL	**Mehl**
200 g	**gekochte Makkaroni**
150 g	**geriebenen Greyerzer-Käse**
	Salz und Pfeffer

Ofen auf 190° C vorheizen.

1 Hühnerschenkel zwischen Ober- und Unterschenkel am Gelenk durchschneiden. Enthäuten, ausbeinen und das Fleisch in 2,5 cm große Stücke schneiden.

2 15 g Butter bei mittlerer Temperatur in einer Bratpfanne erhitzen. Huhn, Sellerie, Knoblauch und Schalotten dazugeben, gut mit Salz und Pfeffer würzen und 3 Minuten anbraten.

3 Das Lorbeerblatt, den Thymian und den Hühnerfond dazugeben, zudecken und bei schwacher Hitze 8 bis 10 Minuten dünsten. Sobald das Fleisch gar ist, mit dem Bratenheber aus der Pfanne nehmen. Den Sud aufbewahren, das Gemüse wegschütten.

4 Die restliche Butter bei mittlerer Temperatur in einer Pfanne erhitzen, das Mehl einrühren und 1 Minute lang einbrennen.

5 Den Sud dazugießen und gut unterrühren. Nachwürzen und die Sauce bei schwacher Hitze 5 Minuten köcheln lassen; dabei gelegentlich umrühren.

6 Eine Lage gekochte Makkaroni in die mit Butter eingefettete Backform legen. Darauf jeweils eine Lage Huhn, Sauce und Käse. Wiederholen und mit dem Käse als oberste Lage abschließen.

7 12 Minuten im Ofen backen und mit krossem Brot servieren.

Huhn nach Bauernart

(4 Portionen)

1 ½ kg	**Huhn, in 6 Teile zerlegt**
45 g	**Butter**
2	**Lauchstangen, nur die weißen Teile**
4	**gedrittelte Artischockenböden**
⅛ l	**trockenen Weißwein**
¼ l	**Schlagsahne**
1 EL	**frische gehackte Petersilie**
	Salz und Pfeffer
	Cayennepfeffer zum Abschmecken

1 Hühnerteile enthäuten und gut mit Salz, Pfeffer und Cayennepfeffer würzen. Butter bei mittlerer Temperatur in einer Bratpfanne erhitzen. Hühnerteile hinzugeben. 8 Minuten bei schwacher Hitze braten, dabei die Teile 1 mal wenden.

2 In der Zwischenzeit die Lauchstangen vorbereiten. Den Lauch von oben bis unten 2 mal bis auf eine restliche Länge von 2,5 cm am unteren Rand einschneiden. Gründlich unter kaltem fließenden Wasser abspülen, um Schmutz und Sand zu entfernen. Abtropfen lassen und in Stücke schneiden.

3 Lauch in die Pfanne geben und bei schwacher Hitze 10 Minuten mitbraten. Die Hühnerteile einmal wenden.

4 Die Hühnerbrüste aus der Pfanne nehmen und zur Seite stellen.

5 Artischockenböden und Wein zu den restlichen Hühnerteilen geben und 4 Minuten kochen. Die Sahne dazugießen, gut mit Salz und Pfeffer abschmecken und bei schwacher Hitze 6 Minuten kochen lassen.

6 Die Hühnerbrüste in die Pfanne zurücklegen und bei schwacher Hitze 3 Minuten köcheln lassen. Mit Petersilie bestreuen und mit Reis servieren.

Huhn in Marsala

(4 Portionen)

4	Hühnerschenkel
15 g	Butter
2 EL	Olivenöl
2	geputzte und gehackte Lauchstangen, nur weiße Teile
1/8 l	Marsala
3/8 l	erwärmten Hühnerfond
1/4 TL	Thymian
250 g	geputzte frische Champignonköpfe
1 EL	Maisstärke
3 EL	kaltes Wasser
	Salz und Pfeffer
1	Prise Salbei

1 Hühnerschenkel zwischen Ober- und Unterschenkel am Gelenk durchschneiden und enthäuten.

2 Butter und die Hälfte des Öls bei mittlerer Temperatur in einer Bratpfanne erhitzen. Hühnerschenkel hineinlegen und 6 Minuten auf jeder Seite braten.

3 Den Lauch dazugeben und 4 Minuten mitbraten lassen. Danach den Wein dazugießen und 2 Minuten aufkochen.

4 Hühnerfond und Gewürze dazugeben. Bei schwacher Hitze 20 Minuten zugedeckt weiterkochen und dabei 1 mal umrühren.

5 Das restliche Öl in einer anderen Pfanne bei hoher Temperatur erhitzen und die Champignonköpfe anbraten.

6 Pilze zu dem Huhn in die Pfanne geben und 4 Minuten schmoren lassen. Das Huhn aus der Pfanne nehmen und zur Seite stellen.

7 Maisstärke mit dem kalten Wasser verrühren, in die Sauce einrühren und 1 Minute bei schwacher Hitze kochen. Hühnerschenkel zurück in die Pfanne geben, 1 Minute köcheln lassen und mit Teigwaren und Erbsen servieren.

Gebratene Hühnerteile
(4 Portionen)

1 ½ kg	Huhn, in 6 Teile zerlegt
45 g	zerlassene Butter
	Gewürzmischung (siehe Seite 94)
	Salz und Pfeffer

1 Hühnerteile enthäuten und einschneiden.

2 Gewürzmischung mit der zerlassenen Butter vermengen, gut in das geschlitzte Fleisch einreiben und 1 Stunde in den Kühlschrank stellen.

3 Ofen auf 200° C vorheizen. Dabei Rost und Fettpfanne im Ofen lassen.

4 Huhn mit Salz und Pfeffer würzen. Direkt auf den Rost legen und 18 Minuten im Ofen braten.

5 Die Hühnerbrüste aus dem Ofen nehmen, zur Seite stellen und warmhalten.

6 Ofentemperatur auf 180° C zurückstellen und die restlichen Hühnerteile je nach Größe weitere 15 bis 20 Minuten lang braten.

7 Die Hühnerbrüste kurz aufwärmen und mit den anderen gebratenen Teilen und grünem Salat servieren.

Teufelshühnchen

(4 Portionen)

2	geputzte Hähnchen à 1½ kg
¼ TL	Oreganopulver
¼ TL	Chilipulver
¼ TL	Salbeipulver
50 g	zerlassene Butter
60 g	Semmelbrösel
	1 Prise Cayennepfeffer / Salz

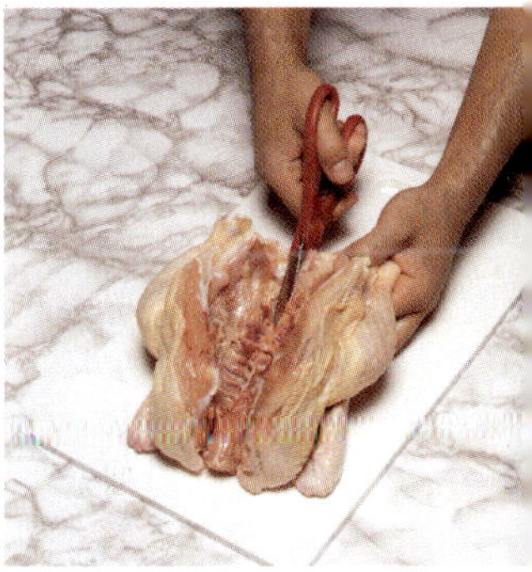

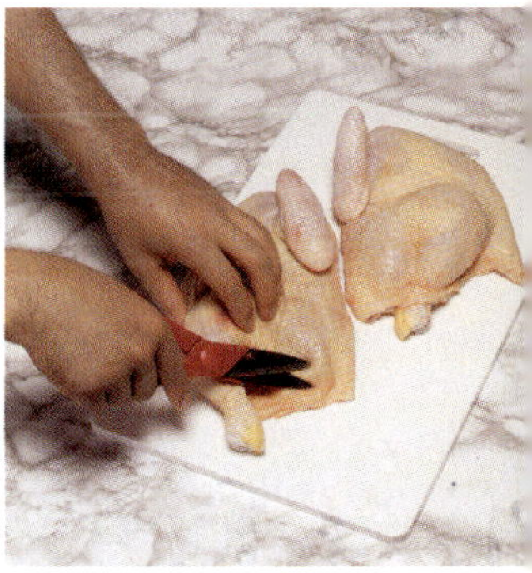

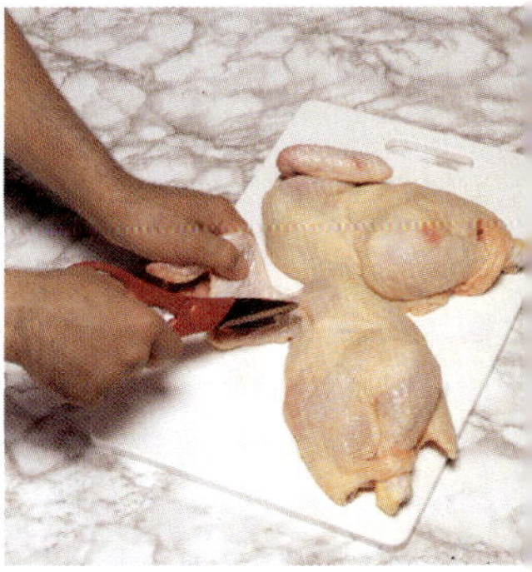

Ofen auf 180° C vorheizen.

1 Mit einer Geflügelschere die Hähnchen halbieren. Die Haut des Oberschenkels etwas einschneiden, um den Unterschenkel darin festzustecken. Flügelsehnen durchschneiden, damit sie beim Braten nicht herausspringen.

2 Alle Gewürze gründlich miteinander vermischen. Die Hähnchen mit der zerlassenen Butter bestreichen und mit der Gewürzmischung einreiben.

3 Ofentemperatur auf Grillen stellen. Hähnchenhälften mit der Haut nach oben in eine Bratenpfanne legen und in den Ofen schieben (15 cm Abstand vom Grillelement). 15 Minuten grillen und öfter mit Fett begießen.

4 Hähnchen wenden, mit Salz würzen, 15 Minuten weitergrillen, dabei öfter mit Fett begießen.

5 Ofentemperatur zurück auf "Braten" stellen und die Hähnchen je nach Größe weitere 30 Minuten braten. 2 Mal wenden und dabei öfter mit Fett begießen.

6 Mit einem Metallspieß in den Schenkel stechen, um zu testen, ob die Hähnchen durch sind. Dabei sollte der heraustretende Saft klar sein.

7 Ungefähr 6 Minuten vor dem Ende der Bratzeit die Hähnchen mit der restlichen Butter bestreichen und mit Semmelbröseln panieren.

Huhn Beaulieu
(4 Portionen)

1 ½ kg	Huhn, in 6 Teile zerlegt
3 EL	Olivenöl
60 g	entsteinte schwarze Oliven
4	gedrittelte Artischockenböden
1	geschälte und zerdrückte Knoblauchzehe
2	geschälte, entkernte und grob zerkleinerte Tomaten
¼ l	trockenen Weißwein
	Salz und Pfeffer
	Zitronensaft zum Abschmecken

1 Hühnerteile enthäuten und gut mit Salz und Pfeffer würzen. Öl bei mittlerer Temperatur in einer Bratpfanne erhitzen. Hühnerteile hineinlegen und 18 Minuten bei schwacher Hitze braten, dabei die Teile 2 bis 3 mal wenden.

2 Die Hühnerbrüste aus der Pfanne nehmen und zur Seite stellen.

3 Oliven, Artischockenhälften und Knoblauch zu den restlichen Hühnerteilen in die Pfanne geben und 2 Minuten dünsten. Tomaten dazugeben und weitere 8 Minuten garen.

4 Die Hühnerbrüste in die Pfanne zurücklegen und bei schwacher Hitze 3 Minuten köcheln lassen. Gut mit Salz und Pfeffer würzen. Danach alle Hühnerteile wieder aus der Pfanne nehmen, zur Seite stellen und warmhalten.

5 Den Wein zu der Sauce in die Pfanne gießen und bei großer Hitze 3 Minuten kochen. Mit Zitronensaft abschmecken, 2 Minuten aufkochen und über das Huhn gießen. Mit Kartoffeln und grünen Bohnen servieren.

Hühnergeschnetzeltes in Worcestershire-Sauce

(4 Portionen)

2	ganze ausgebeinte Hühnerbrüste
3 EL	Olivenöl
5	in 2,5 cm dicke Streifen geschnittene grüne Zwiebeln
4	geschälte und in Scheiben geschnittene Schalotten
24	halbierte Cocktailtomaten
2	in dünne Streifen geschnittene rote Paprikaschoten
3	geschälte und in Scheiben geschnittene Knoblauchzehen
2 EL	Worcestershire-Sauce
	Salz und Pfeffer

1 Hühnerbrüste enthäuten und in 1 cm breite Streifen schneiden. Die Hälfte des Öls bei hoher Temperatur in einer großen Bratpfanne erhitzen. Hühnerbrüste hineinlegen und gut mit Salz und Pfeffer würzen. 3 Minuten bei großer Hitze braten, dabei 1 mal umdrehen.

2 Die Hühnerbrüste aus der Pfanne nehmen und zur Seite stellen.

3 Das restliche Öl in die Pfanne geben. Sobald es heiß ist, Gemüse und Knoblauch dazugeben. Gut mit Salz und Pfeffer würzen. 3 Minuten bei hoher Temperatur anbraten.

4 Die Hühnerbrüste in die Pfanne zurückgeben, Worcestershire-Sauce hinzufügen, gut umrühren, 1 Minuten aufkochen und mit Reis servieren.

Hühnerbrust nach Pariser Art

(4 Portionen)

2	ganze ausgebeinte Hühnerbrüste
45 g	Butter
2	geschälte und gehackte Schalotten
1	große geschabte und in dünne Scheiben geschnittene Karotte
250 g	geputzte und in Würfel geschnittene frische Pilze
2	geschälte und in Scheiben geschnittene Knoblauchzehen
1/8 l	trockenen Weißwein
1/3 l	Hühnerfond
1 EL	Maisstärke
3 EL	kaltes Wasser
	Salz und Pfeffer

1 Hühnerbrüste enthäuten und halbieren. Mit Salz und Pfeffer würzen. Die Hälfte der Butter bei mittlerer Temperatur in einer Bratpfanne erhitzen. Hühnerbrüste hineinlegen und 8 bis 10 Minuten bei schwacher Hitze braten, dabei die Hühnerbrüste 1 mal wenden.

2 Die Hühnerbrüste aus der Pfanne nehmen und warmhalten.

3 Die restliche Butter in die Pfanne geben. Schalotten, Karottenscheiben und Pilze dazugeben und gut mit Salz und Pfeffer würzen. Knoblauch hinzufügen und 3 Minuten bei großer Hitze anbraten.

4 Den Wein dazugießen und 2 Minuten kochen. Den Hühnerfond ebenfalls hineingießen, Hitze reduzieren und 3 Minuten weiterkochen lassen.

5 Maisstärke mit dem kaltem Wasser verrühren, in die Sauce einrühren und gut verrühren. Die Hühnerbrüste in die Pfanne zurücklegen, bei schwacher Hitze 3 Minuten köcheln lassen und mit Kartoffeln servieren.

Hühnerschenkel süß-sauer

(4 Portionen)

12	Hühnerschenkel
3 EL	Sojasauce
2 EL	Teriyaki-Sauce
3	geschälte und in Scheiben geschnittene Knoblauchzehen
1 EL	frischen gehackten Ingwer
1/4 TL	Koriander
4 EL	Honig
	Salz und Pfeffer

1 Schenkel nicht enthäuten. Gut mit Salz und Pfeffer würzen und in eine Schüssel legen.

2 Die restliche Zutaten in eine kleine Bratpfanne geben. 3 Minuten bei mittlerer Hitze aufkochen und über die Hühnerschenkel gießen. Gut vermischen und 1 Stunde lang in den Kühlschrank stellen.

3 Ofen auf 180° C vorheizen.

4 Hühnerschenkel in eine Backform legen und je nach Größe 40 bis 45 Minuten im Ofen braten. Dabei mit der Marinade bestreichen.

5 Sobald sie fertig gebraten sind, den Ofen auf Grillen stellen und die Hühnerschenkel mehrere Minuten bräunen. Mit Gemüse servieren.

Huhn und Garnelen-Pfanne

(4 Portionen)

1 ½ kg	**Huhn, in 6 Teile zerlegt**
2 EL	**Olivenöl**
6	**geschälte und zerdrückte Knoblauchzehen**
250 g	**geputzte und halbierte frische Pilze**
1 EL	**gehackten frischen Estragon**
250 g	**geschälte und geputzte frische Garnelen**
⅛ l	**trockenen Weißwein**
1 EL	**gehacktes frisches Basilikum**
	Salz und Pfeffer

1 Hühnerteile enthäuten und gut mit Salz und Pfeffer würzen. Öl bei mittlerer Temperatur in einer Bratpfanne erhitzen. Hühnerteile und Knoblauch dazugeben. 18 Minuten bei schwacher Hitze braten, dabei die Teile 2 bis 3 mal wenden.

2 Die Hühnerbrüste aus der Pfanne nehmen, zur Seite stellen und im Ofen warmhalten.

3 Pilze und Estragon in die Pfanne geben und 6 Minuten lang braten.

4 Temperatur höher stellen und die Garnelen bei mittlerer Hitze braten. Gut mit Salz und Pfeffer würzen und mischen.

5 Garnelen und restliche Hühnerteile zu den Hühnerbrüsten in den Ofen legen und warmhalten.

6 Temperatur unter der Bratpfanne erhöhen, den Wein dazugießen und 3 Minuten kochen lassen. Die Sauce über die Garnelen und das Huhn gießen, mit frischem Basilikum bestreuen und mit Reis servieren.

Huhn nach Lyoner Art

(4 Portionen)

1 ½ kg	**Huhn, in 6 Teile zerlegt**
3 EL	**Olivenöl**
3	**geschälte und in dünne Scheiben geschnittene Zwiebeln**
¼ l	**erwärmten Hühnerfond**
1 EL	**frische gehackte Petersilie**
	Salz und Pfeffer

1 Hühnerteile enthäuten und gut mit Salz und Pfeffer würzen. Öl bei mittlerer Temperatur in einer Bratpfanne erhitzen. Hühnerteile hinzugeben. 10 Minuten bei schwacher Hitze braten, dabei die Teile 1 mal wenden.

2 Zwiebeln dazugeben und Hühnerteile nochmals wenden. Bei schwacher Hitze 8 Minuten weiterbraten.

3 Die Hühnerbrüste aus der Pfanne nehmen, zur Seite stellen und im Ofen warmhalten. Die restlichen Hühnerteile und die Zwiebeln 10 Minuten weiterbraten lassen.

4 Hühnerteile zu den Hühnerbrüste in den Ofen legen und warmhalten.

5 Zwiebeln weitere 8 Minuten dünsten oder so lange, bis sie vollständig weich sind.

6 Hühnerfond dazugießen und bei mittlerer Hitze 2 Minuten weiterkochen. Gehackte Petersilie über das Huhn streuen. Mit den Zwiebeln, Karotten, Kartoffeln und Spinat servieren.

Huhn mit Curry und Tomaten

(4 Portionen)

1 ½ kg	**Huhn, in 8 Teile zerlegt**
3 EL	**Olivenöl**
2	**geschälte und zerhackte Zwiebeln**
2	**geschälte und zerdrückte Knoblauchzehen**
2 EL	**Currypulver**
3	**geschälte, entkernte und zerkleinerte Tomaten**
	Salz und Pfeffer

1 Hühnerteile enthäuten und gut mit Salz und Pfeffer würzen. Öl bei mittlerer Temperatur in einer Bratpfanne erhitzen. Hühnerteile, Zwiebeln und Knoblauch dazugeben. 4 Minuten bei schwacher Hitze braten. Die Zwiebeln nicht anbrennen lassen.

2 Currypulver hinzufügen und 4 Minuten weiterbraten. Tomaten dazugeben, mit Salz und Pfeffer abschmecken und weitere 8 Minuten bei schwacher Hitze dünsten.

3 Die Hühnerbrüste aus der Pfanne nehmen und zur Seite stellen.

4 Die restlichen Hühnerteile 10 bis 12 Minuten bei schwacher Hitze schmoren.

5 Die Hühnerbrüste in die Pfanne zurückgeben, 4 Minuten weiterschmoren und mit Reis servieren.

Hühnerschenkel auf Sauerkraut

(4 Portionen)

4	Hühnerschenkel
50 g	Butter
1	geschälte und zerhackte Zwiebel
2	geschälte und zerdrückte Knoblauchzehen
1 kg	frisches Sauerkraut
1	großen geschälten, entkernten und in Würfel geschnittenen Apfel
¼ l	trockenen Weißwein
¼ l	Hühnerfond
1	Lorbeerblatt
	Salz und Pfeffer
	Je 1 Prise Thymian, Kümmel und Wacholderbeeren

Ofen auf 180° C vorheizen.

1 Hühnerschenkel zwischen Ober- und Unterschenkel am Gelenk durchschneiden und enthäuten.

2 Die Hälfte der Butter bei mittlerer Temperatur in einer Bratpfanne erhitzen. Hühnerschenkel hineinlegen, gut mit Salz und Pfeffer würzen und 6 Minuten auf jeder Seite braten. Danach die Hühnerteile aus der Pfanne nehmen und zur Seite stellen.

3 Die restliche Butter bei mittlerer Temperatur in einer feuerfesten Kasserolle erhitzen. Zwiebel und Knoblauch hinzugeben und 3 Minuten braten. Das Sauerkraut dazugeben und 8 Minuten dünsten.

4 Die restlichen Zutaten dazumischen und aufkochen. Zudecken und 45 Minuten im Ofen schmoren lassen.

5 Die angebratenen Hühnerbeine auf das Sauerkraut legen. Falls mehr Flüssigkeit erforderlich sein sollte, etwas Hühnerfond dazugießen, zudecken und 45 Minuten im Ofen schmoren lassen.

6 Hühnerschenkel auf dem Sauerkraut anrichten und mit roter Beete servieren.

Hühnerfrikadellen

(4 Portionen)

750 g	**gehacktes Hühnerfleisch**
3	**blanchierte und pürierte Knoblauchzehen**
2 EL	**Semmelbrösel**
1 TL	**Currypulver**
1	**kleines geschlagenes Ei**
3 EL	**Olivenöl**
2	**in Streifen geschnittene Paprikaschoten**
4	**geschälte, entkernte und zerkleinerte Tomaten**
1 EL	**frisches gehacktes Basilikum**
1/4 TL	**geriebene Zitronenschale**
	Salz und Pfeffer
	Cayennepfeffer zum Abschmecken

1 Gehacktes Hühnerfleisch, Knoblauch, Semmelbrösel und Currypulver in eine Küchenmaschine geben und kurz mixen. Gut mit Salz, Pfeffer und Cayennepfeffer würzen. Das geschlagene Ei hinzufügen und nochmals rühren, bis die Masse Form annimmt.

2 Mit der Hand kleine Frikadellen aus der Masse formen, zudecken und 15 Minuten in den Kühlschrank stellen.

3 Die Hälfte des Öls bei mittlerer Temperatur in einer Bratpfanne erhitzen. Frikadellen hineinlegen und 4 bis 5 Minuten auf allen Seiten anbräunen. Sobald sie durchgebraten sind, aus der Pfanne nehmen und auf Küchenpapier abtropfen lassen.

4 Das restliche Öl in die Pfanne geben, und die geschnittenen Paprikaschoten 3 Minuten anbraten. Danach die Paprikaschoten aus der Pfanne nehmen und zur Seite stellen.

5 Zerkleinerte Tomaten, Basilikum und Zitronenschale dazugeben und gut mit Salz und Pfeffer würzen. 12 Minuten bei mittlerer Hitze dünsten. Geschnittene Paprikaschoten und Frikadellen in die Pfanne zurückgeben, 3 Minuten köcheln lassen und mit Teigwaren servieren.

Gehacktes Hühnerfleisch, Knoblauch, Semmelbrösel und Currypulver in den Mixer geben und kurz mixen. Gut mit Salz, Pfeffer und Cayennepfeffer würzen. Das geschlagene Ei hinzufügen.

Mit der Hand kleine Frikadellen aus der Masse formen.

Die Hälfte des Öls bei mittlerer Temperatur in einer Bratpfanne erhitzen. Frikadellen dazugeben und 4 bis 5 Minuten auf allen Seiten anbräunen.

Zerkleinerte Tomaten, Basilikum und Zitronenschale dazugeben und gut mit Salz und Pfeffer würzen. 12 Minuten bei mittlerer Hitze dünsten. Geschnittene Paprikaschoten und Frikadellen in die Pfanne zurückgeben.

Pochierte Hühnerbrust

(4 Portionen)

2	**ganze ausgebeinte Hühnerbrüste**
½	**in Scheiben geschnittene Selleriestange**
1	**geschabte und in Scheiben geschnittene Karotte**
5	**frische Basilikumblätter**
4	**geschälte Schalotten**
1	**frischen Thymianzweig**
2	**frische Petersilienzweige**
	Salz und Pfeffer

1 Hühnerbrüste enthäuten und halbieren. Das Fett entfernen und die Hühnerbrüste unter kaltem Wasser abspülen.

2 Hühnerbrüste in eine Bratpfanne legen, die restlichen Zutaten dazugeben und gut mit Salz und Pfeffer würzen. Mit kaltem Wasser bedecken und zum Kochen bringen.

3 Hitze reduzieren, und bei schwacher Hitze je nach Größe 8 bis 10 Minuten kochen lassen.

4 Sobald sie gar sind, Hühnerbrüste aus der Pfanne nehmen. Die Sauce 2 bis 3 Minuten bei großer Hitze aufkochen, um den Geschmack zu intensivieren.

Hinweis: Diese Methode eignet sich besonders für Huhn im Sandwich, Hühnerfrikassee oder Hühnersalat.

Pochierte Hühnerbrust mit frischem Spinat

(4 Portionen)

2	**Bund gut geputzten, gedämpften frischen Spinat**
2	**ganze ausgebeinte Hühnerbrüste**
½	**in Würfel geschnittene Selleriestange**
1	**geschabte und in Scheiben geschnittene Karotte**
1	**geschälte und geviertelte Zwiebel**
1	**Lorbeerblatt**
½ l	**Wasser**
60 g	**Butter**
3 EL	**Mehl**
1	**geschälte und in Scheiben geschnittene Knoblauchzehe**
1 EL	**frisches gehacktes Basilikum**
60 g	**geriebenen Greyerzer-Käse**
	Salz und Pfeffer

Ofen auf 180° C vorheizen.

1 Hühnerbrüste enthäuten, halbieren und mit dem Sellerie, der Karotte und der Zwiebel in die Pfanne geben. Lorbeerblatt hinzufügen und gut mit Salz und Pfeffer würzen. Wasser dazugießen und bei mittlerer bis großer Hitze aufkochen. Danach die Temperatur reduzieren und 10 Minuten köcheln lassen.

2 Die Hühnerbrüste aus der Pfanne nehmen und zur Seite stellen. Die Flüssigkeit bei großer Hitze 5 Minuten weiterkochen lassen. Durch ein Sieb passieren und ebenfalls zur Seite stellen.

3 30 g Butter in einer Bratpfanne erhitzen. Sobald diese geschmolzen ist, das Mehl dazugeben, gut verrühren und 1 Minute bei schwacher Hitze einbrennen. Die passierte Flüssigkeit dazugießen und gut umrühren. Mit Salz und Pfeffer würzen und 12 Minuten bei schwacher Hitze kochen.

4 Die restliche Butter bei mittlerer Temperatur in einer anderen Bratpfanne erhitzen. Knoblauch dazugeben und 1 Minute anbraten. Den abgetropften Spinat und das Basilikum dazugeben und 3 Minuten bei mittlerer Hitze dünsten.

5 Spinat in eine Backform geben, die Hühnerbrüste auf den Spinat legen und die Sauce darübergießen. Den geriebenen Käse darüberstreuen und 8 Minuten überbacken.

Gebackenes Hähnchen mit Schnittlauch und Sahne

(4 Portionen)

1 ½ kg	Huhn, in 6 Teile zerlegt
30 g	Butter
1 EL	Olivenöl
1	geschälte und in Ringe geschnittene rote Zwiebel
250 g	geputzte frische Champignonköpfe
⅛ l	trockenen Weißwein
2 EL	frischen gehackten Schnittlauch
3 EL	Schlagsahne
	Salz und Pfeffer

Ofen auf 180° C vorheizen.

1 Hühnerteile enthäuten und gut mit Salz und Pfeffer würzen. Butter und Öl bei mittlerer Temperatur in einer feuerfesten Bratenpfanne erhitzen. Hühnerteile hineinlegen und 2 Minuten auf allen Seiten anbraten.

2 Zwiebel dazugeben und umrühren, zugedeckt 18 Minuten im Ofen weiterschmoren.

3 Die Hühnerbrüste aus der Pfanne nehmen, zur Seite stellen und warmhalten.

4 Pilze hinzugeben. Gut mit Salz und Pfeffer würzen und mit den restlichen Hühnerteilen 10 bis 12 Minuten im Ofen weiterschmoren lassen.

5 Die restlichen Hühnerteile aus der Pfanne nehmen und warmhalten. Pfanne auf den Herd stellen, Wein hineingießen und 4 Minuten bei großer Hitze ohne Deckel kochen lassen.

6 Schnittlauch und Sahne hineinrühren, gut würzen und bei großer Hitze weitere 3 Minuten kochen lassen.

7 Temperatur reduzieren. Alle Hühnerteile in die Pfanne zurücklegen und 3 Minuten köcheln lassen. Mit roter Beete servieren.

Huhn mit Gurkengemüse und Perlzwiebeln

(4 Portionen)

1 ½ kg	**Huhn, in 6 Teile zerlegt**
45 g	**Butter**
24	**geschälte und blanchierte Perlzwiebeln**
1	**große geschälte, entkernte und in 1 cm dicke Scheiben geschnittene Gurke**
1 EL	**frisches gehacktes Basilikum**
1 EL	**frische gehackte Petersilie**
	Salz und Pfeffer
	Saft 1 Zitrone

1 Hühnerteile enthäuten und gut mit Salz und Pfeffer würzen. Butter bei mittlerer Temperatur in einer Bratpfanne erhitzen. Hühnerteile hineinlegen. 18 Minuten bei schwacher Hitze braten, dabei die Teile 2 bis 3 mal wenden.

2 Die Hühnerbrüste aus der Pfanne nehmen und zur Seite stellen.

3 Perlzwiebeln mit den restlichen Hühnerteilen in die Pfanne geben und 4 Minuten braten. Gurke und Gewürze dazugeben, gut mit Salz und Pfeffer würzen und 6 Minuten bei schwacher Hitze dünsten.

4 Die Hühnerbrüste in die Pfanne zurücklegen und Zitronensaft dazugeben. 3 Minuten köcheln lassen und mit Kartoffeln servieren.

Huhn mit Auberginen und spanischen Zwiebeln

(4 Portionen)

2	ganze ausgebeinte Hühnerbrüste
3 EL	Olivenöl
½ in	5 mm dicke Scheiben geschnittene Aubergine
1	große geschälte und in Scheiben geschnittene rote Zwiebel
1 EL	frisches gehacktes Basilikum
1 EL	frische gehackte Petersilie
2	geschälte und zerdrückte Knoblauchzehen
1 EL	Sojasauce
	Salz und Pfeffer

1 Hühnerbrüste enthäuten, in 1 cm breite Streifen schneiden und zur Seite stellen.

2 Die Hälfte des Öls bei hoher Temperatur in einer großen Bratpfanne erhitzen, Auberginenscheiben dazugeben und 3 bis 4 Minuten auf jeder Seite anbraten. Die Auberginenscheiben aus der Pfanne nehmen, in den Ofen stellen und warmhalten.

3 Zwiebelringe in die heiße Pfanne geben und 3 bis 4 Minuten anbraten. Aus der Pfanne nehmen und in den Ofen stellen.

4 Das restliche Öl in die Pfanne geben und, sobald es heiß ist, die Hälfte der Hühnerbruststreifen in das Öl legen. Gut mit Salz und Pfeffer würzen und 3 bis 4 Minuten bei großer Hitze braten. Die Hühnerbruststreifen dabei 1 mal wenden. Danach die Hühnerbruststreifen aus der Pfanne nehmen und zur Seite stellen.

5 Die restlichen Hühnerbruststreifen in die heiße Pfanne legen und wie oben verfahren.

6 Hühnerbruststreifen wieder in die Pfanne zurücklegen, Kräuter und Knoblauch dazufügen und 1 Minute braten. Ein paar Tropfen Sojasauce darübergießen und gut verrühren. 30 Sekunden aufkochen und mit Auberginen, Zwiebeln und Polenta servieren.

Hühnerschenkel nach Szechuan-Art

(4 Portionen)

12	Hühnerschenkel
3 EL	Szechuan-Sauce
3	blanchierte und pürierte Knoblauchzehen
2 EL	Sesamöl
1/8 l	trockenen Weißwein
1/4 TL	gemahlene Nelke
1 EL	Selleriekörner
3 EL	Honig
	Salz und Pfeffer
	Saft 1/2 Zitrone

1 Hühnerschenkel nicht enthäuten. Szechuan-Sauce, Knoblauch, Öl, Wein und Gewürze in eine Schüssel geben und gut vermischen. Hühnerschenkel in die Marinade legen und bedecken. Mindestens 1 Stunde in den Kühlschrank stellen.

2 Ofen auf 180° C vorheizen.

3 Hühnerschenkel in eine Backform legen. Je nach Größe bei mittlerer Hitze 40 bis 45 Minuten braten.

4 Honig mit Zitronensaft mischen und auf die fertig gebratenen Hühnerschenkel streichen. Einige Minuten grillen. Vorsicht, Honigmischung nicht anbrennen lassen. Mit Cocktailtomaten und in dünne Streifen geschnittene grüne Paprikaschoten servieren.

Marinierter Hühnerspieß
(4 Portionen)

2 EL	**Zitronensaft**
2 EL	**Balsam-Essig**
2 EL	**Olivenöl**
1 TL	**Honig**
½ TL	**Oregano**
1 ½	**ganze ausgebeinte Hühnerbrüste**
1	**geschälte rote Zwiebel**
1	**grüne Paprikaschote**
16	**große geputzte Champignonköpfe**
1	**Prise Thymian**
	Einige Tropfen Tabasco
	Salz und frisch gemahlenen Pfeffer

1 Zitronensaft, Essig, Öl, Honig, Oregano, Thymian, Tabasco, Salz und Pfeffer in eine große Schüssel geben.

2 Hühnerbrüste enthäuten, in 2,5 cm breite Stücke schneiden und in die Marinade legen. Zudecken und 1 Stunde lang in den Kühlschrank stellen.

3 Ofen auf 180° C vorheizen.

4 Die rote Zwiebel und die grüne Paprikaschote für den Spieß in häppchengroße Stücke schneiden.

5 Abwechselnd Huhn, rote Zwiebel, grüne Paprikaschote und Pilze aufspießen. In eine feuerfeste Schale legen und mit der Marinade bestreichen.

6 Ofen auf Grillen stellen. Sobald der Ofen heiß ist, die Spieße in den Ofen legen und 8 Minuten lang grillen. Dabei 2 bis 3 mal drehen. Bevor die Spieße anbrennen, auf die untere Schiene im Ofen schieben.

7 Mit Reis servieren.

Feurige Hühnerhäppchen
(4 Portionen)

3 EL	**Balsam-Essig**
1	**entkernte und zerhackte scharfe grüne Chilischote**
2 EL	**Sojasauce**
1 EL	**Zitronensaft**
1 TL	**scharfen Senf**
1	**geschälte und zerdrückte Knoblauchzehe**
1 EL	**Honig**
¼ TL	**Thymian**
1 TL	**Oregano**
2	**ganze ausgebeinte Hühnerbrüste**
125 g	**Mehl**
2	**geschlagene Eier**
100 g	**Semmelbrösel**
	Salz und Pfeffer
	Erdnußöl zum Braten

1 Essig, grüne Chilischote, Sojasauce und Zitronensaft in eine große Schüssel geben. Mit Senf, Knoblauch, Honig und Gewürzen vermischen.

2 Hühnerbrüste enthäuten, in 2,5 cm große Stücke schneiden und in die Marinade legen. Zudecken und 1 Stunde lang in den Kühlschrank stellen.

3 Hühnerbruststücke mit Mehl bestäuben, durch die geschlagenen Eier ziehen und in den Semmelbröseln wenden.

4 Hühnerbruststücke 3 bis 4 Minuten in heißem Öl braten und auf Küchenpapier abtropfen lassen. Die Hühnerhäppchen mit Ananas servieren.

Schnell gebratene würzige Hähnchenstreifen

(4 Portionen)

2	ganze ausgebeinte Hühnerbrüste
2 EL	Olivenöl
3	geschälte und zerdrückte Knoblauchzehen
1 EL	frischen gehackten Estragon
1 EL	frisches gehacktes Basilikum
1 TL	frische gehackte Petersilie
	Salz und Pfeffer
	Saft 1 Zitrone

1 Hühnerbrüste enthäuten und in 5 mm breite Streifen schneiden. Öl bei mittlerer Temperatur in einer Bratpfanne erhitzen. Hühnerbrüste hineinlegen, gut mit Salz und Pfeffer würzen und 2 bis 3 Minuten anbraten.

2 Hühnerbrüste aus der Pfanne nehmen und zur Seite stellen.

3 Knoblauch dazugeben und 1 Minute weiterbraten. Die frischen Kräuter hinzufügen und die Hühnerbrüste in die Pfanne zurücklegen. 30 Sekunden mitbraten.

4 Mit Zitronensaft beträufeln, gut vermischen und mit Spargel auf Reis servieren.

Marinierte Hühnerschenkel

(4 Portionen)

3 EL	Olivenöl
2 EL	Chilisauce
1/4 l	Orangensaft
1 EL	frisches gehacktes Basilikum
1/2 TL	Thymian
2	geschälte und zerdrückte Knoblauchzehen
1 EL	Dijon-Senf
2 EL	Balsam-Essig
4	Hühnerschenkel
	Frisch gemahlenen Pfeffer

1 2 EL Öl in eine Schüssel geben. Außer den Hühnerschenkeln, alle Zutaten dazugeben und sehr gut mischen.

2 Hühnerschenkel in eine andere Schüssel legen und mit der Marinade bedecken. Zudecken und 1 Stunde in den Kühlschrank stellen. Die Hühnerschenkel während dieser Zeit 4 mal wenden.

3 Ofen auf 180° C vorheizen.

4 Hühnerschenkel aus der Marinade nehmen und abtropfen lassen. Das restliche Öl bei mittlerer Temperatur in einer Bratpfanne erhitzen. Hühnerschenkel hineinlegen und bei schwacher Hitze 8 Minuten braten, dabei oft wenden, damit sie nicht anbrennen.

5 Hühnerschenkel in den Ofen stellen und je nach Größe 35 bis 40 Minuten weiterbraten lassen. Öfter mit der Marinade bestreichen.

6 Mit einem Metallspieß in den Schenkel stechen, um zu testen, ob die Hähnchen durch sind. Dabei sollte der heraustretende Saft klar sein.

7 Die Hühnerschenkel mit frischem Gartensalat servieren.

Marinierte Hühnerbrust mit Rosmarin

(4 Portionen)

2	**ganze ausgebeinte Hühnerbrüste**
1/8 l	**trockenen Weißwein**
3 EL	**Olivenöl**
1 TL	**Basilikum**
1 TL	**Rosmarin**
2	**geschälte Knoblauchzehen**
3 EL	**Olivenöl**
250 g	**geputzte frische Champignonköpfe**
24	**halbierte Cocktailtomaten**
1 EL	**frische gehackte Petersilie**
	Salz und Pfeffer

1 Hühnerbrüste enthäuten, in 2,5 cm breite Streifen schneiden und mit dem Wein, 3 EL Olivenöl, Basilikum, Rosmarin und Knoblauch in eine Schüssel legen. Gut mit Salz und Pfeffer würzen, gut vermischen und mit einer Haushaltsfolie abdecken. Eine Stunde im Kühlschrank ziehen lassen.

2 Die Hälfte des restlichen Öls bei hoher Temperatur in einer Bratpfanne erhitzen. Die Hälfte der Hühnerbrüste dazugeben, 2 bis 3 Minuten bei großer Hitze braten und dabei ständig rühren. Hühnerbrüste aus der Pfanne nehmen und zur Seite stellen.

3 Die andere Hälfte der Hühnerbrüste in die Pfanne geben und wie oben verfahren. Danach auch diese zur Seite stellen.

4 Das restliche Öl in die Pfanne geben. Sobald es heiß ist, die Champignonköpfe 3 Minuten bei hoher Temperatur anbraten. Tomaten dazugeben, mit Salz und Pfeffer würzen und weitere 2 Minuten schmoren.

5 Hühnerbrüste wieder in die Pfanne zurücklegen und Petersilie dazugeben. Gut verrühren und 1 Minute schmoren lassen. Mit Reis servieren.

Hühnerfrikassée auf die Schnelle

(4 Portionen)

2	ganze ausgebeinte Hühnerbrüste
3 EL	Olivenöl
3	geschälte, entkernte und zerkleinerte Tomaten
2	geschälte und zerdrückte Knoblauchzehen
2	abgespülte, abgetropfte und zerhackte Sardellenfilets
1 EL	frisches gehacktes Basilikum
1/8 l	trockenen Weißwein
	Salz und Pfeffer
1	Prise Bohnenkraut

1 Hühnerbrüste enthäuten und in 1 cm breite Streifen schneiden. Die Hälfte des Öls bei mittlerer Temperatur in einer großen Pfanne erhitzen. Die Hälfte der Hühnerbruststreifen in die Pfanne legen und gut mit Salz und Pfeffer würzen. Bei großer Hitze 3 bis 4 Minuten braten, dabei 1 mal wenden. Hühnerbruststreifen aus der Pfanne nehmen, zur Seite stellen und warmhalten.

2 Das restliche Öl in der Pfanne erhitzen. Sobald es heiß ist, die andere Hälfte der Hühnerbrüste in die Pfanne geben und wie oben verfahren. Danach auch diese zur Seite stellen.

3 Tomaten, Knoblauch, Sardellen und Gewürze in die heiße Pfanne geben und bei großer Hitze 4 Minuten braten.

4 Wein hinzugeben und gut mit Salz und Pfeffer würzen. 2 Minuten aufkochen. Die Hühnerbruststreifen in die Pfanne zurücklegen und bei schwacher Hitze 2 Minuten köcheln lassen. Mit Teigwaren servieren.

Aromatische Hühnerbrust

(4 Portionen)

2	**ganze ausgebeinte Hühnerbrüste**
50 g	**Butter**
4	**geschälte und in Scheiben geschnittene Schalotten**
1/8 l	**Balsam-Essig**
1 EL	**Honig**
	Salz und Pfeffer

1 Hühnerbrüste enthäuten, halbieren und mit Salz und Pfeffer würzen.

2 30 g Butter bei mittlerer Temperatur in einer Bratpfanne erhitzen. Hühnerbrüste hineinlegen und je nach Größe 8 bis 10 Minuten bei schwacher Hitze braten, dabei die Hühnerbrüste 1 mal wenden.

3 Die Hühnerbrüste aus der Pfanne nehmen und warmhalten.

4 Schalotten in die Pfanne geben und 2 Minuten bei mittlerer Hitze anbraten. Essig und Honig dazugießen und so lange kochen, bis die Flüssigkeit eindickt. Die Pfanne vom Herd nehmen und die restliche Butter hineinrühren.

5 Über die Hühnerbrüste gießen und mit grünem Salat servieren.

Huhn mit Meeresfrüchten

(4 Portionen)

2	ganze ausgebeinte Hühnerbrüste
60 g	Butter
250 g	geschälte und geputzte frische Garnelen
60 g	Croûtons
1 EL	frische gehackte Petersilie
	Saft 1 Zitrone
	Salz und Pfeffer

1 Hühnerbrüste enthäuten, halbieren und das Fett wegschneiden.

2 45 g Butter bei mittlerer Temperatur in einer Bratpfanne erhitzen. Hühnerbrüste und Zitronensaft hinzugeben und gut mit Salz und Pfeffer würzen. Zudecken und 10 Minuten bei schwacher Hitze schmoren, dabei die Hühnerbrüste 2 mal wenden.

3 Die Hühnerbrüste aus der Pfanne nehmen und warmhalten.

4 Die restliche Butter in die Pfanne geben und die Temperatur hochstellen. Die Garnelen in die Pfanne geben und 3 Minuten anbraten. Gut mit Salz und Pfeffer würzen.

5 Croûtons und Petersilie dazugeben und 2 Minuten mitbraten.

6 Den Garnelen-Mix über die Hühnerbrüste gießen und mit Teigwaren servieren.

Paprikahuhn

(4 Portionen)

1 ½ kg	Huhn, in 6 Teile zerlegt
3 EL	Olivenöl
1	große geschälte und in dünne Scheiben geschnittene rote Zwiebel
2 EL	roten Paprika
2 EL	Mehl
⅜ l	erwärmten Hühnerfond
2	geschälte, entkernte und zerkleinerte Tomaten
2	geschälte und zerdrückte Knoblauchzehen
	Salz und Pfeffer
	Sauerrahm und frischen gehackten Schnittlauch

1 Hühnerteile enthäuten und gut mit Salz und Pfeffer würzen. Öl bei mittlerer Temperatur in einer Bratpfanne erhitzen. Hühnerteile hineinlegen und 8 Minuten auf allen Seiten anbräunen.

2 Zwiebel hinzugeben und 10 Minuten bei schwacher Hitze weiterbraten.

3 Die Hühnerbrüste aus der Pfanne nehmen, zur Seite stellen und warmhalten.

4 Paprika zusammen mit den restlichen Hühnerteilen in die Pfanne geben und gut verrühren. 3 Minuten braten. Mehl hinzugeben und nochmals gut verrühren.

5 Hühnerfond dazugießen und verrühren. Mit Salz und Pfeffer würzen, Tomaten und Knoblauch dazugeben und bei schwacher Hitze 8 Minuten kochen.

6 Die Hühnerbrüste in die Pfanne zurückgeben und 3 Minuten köcheln lassen. Mit Sauerrahm, Schnittlauch, Reis und in dünne Streifen geschnittenes Gemüse servieren.

Öl bei mittlerer Temperatur in einer Bratpfanne erhitzen. Hühnerteile hineinlegen und 8 Minuten auf allen Seiten anbräunen.

Zwiebel hinzugeben und 10 Minuten bei schwacher Hitze weiterbraten. Die Hühnerbrüste aus der Pfanne nehmen, zur Seite stellen und warmhalten.

Huhnertond dazugießen und verrühren. Mit Salz und Pfeffer abschmecken, Tomaten und Knoblauch dazugeben und bei schwacher Hitze 8 Minuten kochen.

Die Hühnerbrüste in die Pfanne zurückgeben und 3 Minuten köcheln lassen.

Hühnerschenkel Louis

(4 Portionen)

4	**große Hühnerschenkel**
2	**geschälte Knoblauchzehen**
125 g	**Mehl**
½ TL	**schwarzen Pfeffer**
½ TL	**weißen Pfeffer**
¼ TL	**Cayennepfeffer**
¼ TL	**gemahlenen Ingwer**
3 EL	**Pflanzenöl**
½ l	**erwärmten Hühnerfond**
30 g	**Butter**
70 g	**gewürfelte Zwiebeln**
70 g	**gewürfelten Sellerie**
70 g	**gewürfelte Paprikaschoten**

Ofen auf 180° C vorheizen.

1 Hühnerschenkel zwischen Ober- und Unterschenkel am Gelenk durchschneiden und enthäuten. Schenkel mit Knoblauchzehen einreiben. 90 g Mehl in einen sauberen Plastikbeutel füllen, Gewürze dazugeben und gut schütteln. Die Hühnerschenkel hineinlegen und das ganze nochmals durchschütteln.

2 Öl bei mittlerer Temperatur in einer gußeisernen Bratpfanne erhitzen. Hühnerschenkel hineinlegen und auf jeder Seite 6 Minuten braten. Hühnerschenkel aus der Pfanne nehmen und zur Seite stellen. Öl durch ein mit einem Seihtuch ausgelegtes Sieb in eine Schüssel gießen. Danach das Öl wieder in die Pfanne gießen.

3 Pfanne auf den Herd zurückstellen. Das restliche Mehl bei mittlerer Hitze anbräunen und dabei ständig rühren, damit das Mehl nicht anbrennt. Hitze reduzieren, Hühnerfond dazugießen und bei schwacher Hitze 2 Minuten köcheln lassen.

4 Butter in einer zweiten Bratpfanne bei mittlerer Temperatur zerlassen. Das Gemüse dazugeben und 5 Minuten dünsten. Danach zur Sauce in die gußeiserne Pfanne geben.

5 Hühnerschenkel in die Sauce legen, zudecken und je nach Größe 40 bis 45 Minuten im Ofen schmoren lassen. Mit Reis und Karotten servieren.

Landhuhn in Weißwein

(4 Portionen)

1 ½ kg	Huhn, in 6 Teile zerlegt
2 EL	Olivenöl
24	geschälte Perlzwiebeln
24	kleine, runde, weiße, geschälte Kartoffeln, 6 Minuten gekocht
1	große in Würfel geschnittene rote Paprikaschote
2	geschälte und zerdrückte Knoblauchzehen
¼ l	trockenen Weißwein
1 EL	frisches gehacktes Basilikum
	Salz und Pfeffer

1 Hühnerteile enthäuten und gut mit Salz und Pfeffer würzen. Öl bei mittlerer Temperatur in einer Bratpfanne erhitzen. Hühnerteile hineinlegen und 10 Minuten bei schwacher Hitze braten, dabei die Teile 1 bis 2 mal wenden.

2 Perlzwiebeln dazugeben und bei schwacher Hitze weitere 8 Minuten braten. Hühnerteile 1 mal wenden.

3 Die Hühnerbrüste aus der Pfanne nehmen und zur Seite stellen.

4 Kartoffeln, Paprikaschote und Knoblauch dazugeben. Gut mit Salz und Pfeffer würzen und weitere 8 Minuten schmoren lassen.

5 Die Hühnerbrüste in die Pfanne zurücklegen und 2 Minuten weitergaren. Die Hühnerbrüste erneut aus der Pfanne nehmen und warmhalten.

6 Temperatur hochstellen, den Wein in die Pfanne gießen und 3 Minuten kochen lassen.

7 Die Sauce über das Huhn gießen, mit frischem Basilikum bestreuen und mit grünen Bohnen servieren.

Hühnerschenkel in scharfer Tomatensauce

(4 Portionen)

4	**große Hühnerschenkel**
½ TL	**schwarzen Pfeffer**
¼ TL	**Cayennepfeffer**
½ TL	**weißen Pfeffer**
¼ TL	**Chilipulver**
¼ TL	**Salz**
2 EL	**Pflanzenöl**
1	**geschälte und zerhackte Zwiebel**
½	**in Würfel geschnittene Selleriestange**
1	**in Würfel geschnittene rote Paprikaschote**
1	**entkernte und zerhackte scharfe grüne Chilischote**
3	**geschälte, entkernte und zerkleinerte Tomaten**
¼ l	**Tomatensauce**
1	**Prise Zucker**

Ofen auf 180° C vorheizen.

1 Hühnerschenkel zwischen Ober- und Unterschenkel am Gelenk durchschneiden und enthäuten.

2 Alle Gewürze, außer den Zucker, in einer kleinen Schüssel zusammenmischen. Die Hühnerschenkel mit dieser Mischung einreiben.

3 Öl bei mittlerer Temperatur in einer gußeisernen Bratpfanne erhitzen. Hühnerschenkel hineinlegen und bei schwacher Hitze 6 Minuten auf jeder Seite anbraten. Hühnerschenkel aus der Pfanne nehmen und zur Seite stellen.

4 Zwiebel, Sellerie, Paprikaschote und grüne Chilischote in die heiße Pfanne legen und 3 Minuten anbraten. Tomaten, Tomatensauce und Zucker dazugeben. Gut mit Salz und Pfeffer würzen und bei mittlerer Hitze 6 Minuten schmoren.

5 Hühnerschenkel in die Sauce legen, zudecken und je nach Größe 40 bis 45 Minuten im Ofen schmoren lassen. Dabei 2 mal umrühren.

6 Wenn die Hühnerschenkel gar sind, aus der Pfanne nehmen und zur Seite stellen. Pfanne bei mittlerer Hitze auf den Herd stellen und die Sauce 2 Minuten aufkochen. Die Hühnerschenkel in die Pfanne zurücklegen und 2 Minuten köcheln lassen. Danach servieren.

Huhn in Zitronensauce
(4 Portionen)

2	ganze ausgebeinte Hühnerbrüste
30 g	Butter
1 EL	Olivenöl
1	geschälte und in Scheiben geschnittene Knoblauchzehe
3/8 l	erwärmten Hühnerfond
1 EL	Maisstärke
2 EL	kaltes Wasser
1 TL	Sojasauce
1 TL	gerieben Zitronenschale
	Saft von 1 1/2 Zitronen
	Salz und Pfeffer

1 Hühnerbrüste enthäuten und in 1 cm breite Streifen schneiden. Die Hälfte der Butter und des Öls bei hoher Temperatur in einem Wok oder in einer großen Bratpfanne erhitzen. Die Hälfte der Hühnerbruststreifen in die Pfanne legen und gut mit Salz und Pfeffer würzen. Bei großer Hitze 3 bis 4 Minuten braten und dabei ständig rühren. Hühnerbruststreifen aus der Pfanne nehmen und zur Seite stellen.

2 Die restliche Butter und das Öl im Wok erhitzen, die restlichen Hühnerbruststreifen in das heiße Fett legen und wie oben verfahren. Danach auch diese zur Seite stellen.

3 Knoblauch in den Wok geben und 20 Sekunden unter ständigem Rühren anbraten. Zitronensaft und Hühnerfond dazugießen und bei hoher Temperatur 2 bis 3 Minuten aufkochen.

4 Maisstärke mit dem kaltem Wasser verrühren und in die Sauce einrühren. Sojasauce dazurühren, mit Salz und Pfeffer würzen und gut vermischen.

5 Hühnerbruststreifen in die Pfanne zurücklegen und die geriebene Zitronenschale dazugeben. 1 Minute lang köcheln lassen und mit gedämpften Reis servieren.

Gebratene Hühnerbrust mit Gemüse

(4 Portionen)

2	ganze ausgebeinte Hühnerbrüste
2 EL	Sojasauce
3 EL	trockenen Weißwein
2	geschälte und zerdrückte Knoblauchzehen
3 EL	Pflanzenöl
250 g	geputzte und in dicke Scheiben geschnittene Pilze
½	in Stifte geschnittene Zucchini
1	kleinen "al dente" gekochten und in 2,5 cm lange Stücke geschnitten Bund Spargel
2	in Stifte geschnittene und "al dente" gekochte Karotten
60 g	Pinienkerne
¼ l	erwärmten Hühnerfond
½ TL	Maisstärke
1 EL	kaltes Wasser
1	Prise zerdrückten Chili
	Salz und Pfeffer

1 Hühnerbrüste enthäuten und in 5 mm breite Streifen schneiden. In eine Schüssel mit Sojasauce, Wein, Knoblauch, Pfeffer und Chili geben und 15 Minuten ziehen lassen.

2 Die Hälfte des Öls bei hoher Temperatur im Wok oder in einer großen Bratpfanne erhitzen. Hühnerbruststreifen in das heiße Fett legen und unter ständigem Rühren 2 bis 3 Minuten bei großer Hitze braten. Hühnerbruststreifen aus der Pfanne nehmen und zur Seite stellen.

3 Das restliche Öl in die Pfanne geben und die Pilze und Zucchini in das heiße Fett legen. Bei hoher Temperatur unter ständigem Rühren 3 Minuten braten. Gut mit Salz und Pfeffer würzen.

4 Das restliche Gemüse und die Pinienkerne dazugeben und 1 Minute braten.

5 Hühnerfond dazugießen. Maisstärke mit dem kaltem Wasser verrühren und in die Sauce einrühren. Hühnerbruststreifen in den Wok zurückgeben, gut mischen und 30 Sekunden erhitzen. Mit Nudeln servieren.

Gebratene Hühnerbrust in Weinbrandsauce

(4 Portionen)

2	ganze ausgebeinte Hühnerbrüste
3 EL	Olivenöl
1	in Streifen geschnittene gelbe Paprikaschote
1	in Streifen geschnittene rote Paprikaschote
1	"al dente" gekochten und in 2,5 cm lange Stücke geschnittenen Bund Spargel
125 g	gekochte und halbierte grüne Bohnen
1/4 l	erwärmten Hühnerfond
2 EL	Teriyaki-Sauce
2 EL	Weinbrand
1 TL	Maisstärke
1 EL	kaltes Wasser
	Salz und Pfeffer

1 Hühnerbrüste enthäuten und in 5 mm breite Streifen schneiden.

2 Die Hälfte des Öls bei hoher Temperatur in einer großen Bratpfanne erhitzen. Die Hühnerbruststreifen hineinlegen. Gut mit Salz und Pfeffer würzen und 2 bis 3 Minuten bei hoher Temperatur braten, dabei 1 mal wenden. Hühnerbruststreifen aus der Pfanne nehmen und zur Seite stellen.

3 Das restliche Öl in die Pfanne geben. Das Gemüse in das heiße Fett geben, mit Salz und Pfeffer würzen und 1 bis 2 Minuten lang unter ständigem Rühren braten. Das Gemüse aus der Pfanne nehmen und zur Seite stellen.

4 Die Teriyaki-Sauce und den Weinbrand mit dem Hühnerfond vermischen und in die Bratpfanne gießen. Maisstärke mit dem kaltem Wasser verrühren und in die Sauce einrühren. Gut verrühren und 20 Sekunden aufkochen.

5 Die Hühnerbrüste und das Gemüse in die Pfanne zurückgeben und 20 Sekunden lang aufkochen. Mit Reis servieren.

Gebratene Hühnerbrust mit Ingwer

(4 Portionen)

2	**ganze ausgebeinte Hühnerbrüste**
2 EL	**frischen gehackten Ingwer**
2	**geschälte und gehackte Schalotten**
3 EL	**Teriyaki-Sauce**
3 EL	**Sherry**
3 EL	**Pflanzenöl**
1	**in dünne Streifen geschnittene rote Paprikaschote**
1	**kleine in Scheiben geschnittene Zucchini**
2	**geschälte und in Scheiben geschnittene Knoblauchzehen**
1	**entkernte und zerhackte Chilischote**
6	**halbierte Cocktailtomaten**
3/8 l	**erwärmten Hühnerfond**
1/2 TL	**Maisstärke**
1 EL	**kaltes Wasser**
	Salz und Pfeffer

1 Hühnerbrüste enthäuten, in 5 mm breite Streifen schneiden und in eine Schüssel legen. Ingwer, Schalotten, Teriyaki-Sauce und Sherry dazugeben. Mit Salz und Pfeffer würzen. Mit Haushaltsfolie zudecken und 30 Minuten lang in den Kühlschrank stellen.

2 Die Hälfte des Öls bei hoher Temperatur im Wok oder in einer tiefen Bratpfanne erhitzen. Hühnerbruststreifen in das heiße Fett legen und unter ständigem Rühren 2 bis 3 Minuten bei großer Hitze braten. Hühnerbruststreifen aus der Pfanne nehmen und zur Seite stellen.

3 Das restliche Öl in den Wok geben. Gemüse unter ständigem Rühren bei hoher Temperatur 2 bis 3 Minuten braten.

4 Hühnerfond dazugießen. Maisstärke mit dem kaltem Wasser verrühren und in die Sauce einrühren. 30 Sekunden aufkochen. Hühnerbruststreifen kurz zum Erhitzen in den Wok zurücklegen. Mit Reis servieren.

Huhn mit Erbsen und Brokkoli

(4 Portionen)

2	ganze ausgebeinte Hühnerbrüste
3 EL	Pflanzenöl
1	blanchierten und in kleine Röschen zerlegten Brokkoli
250 g	blanchierte Erbsen
12	gekochte Perlzwiebeln
2	geschälte und zerdrückte Knoblauchzehen
1 EL	frischen gehackten Ingwer
3/8 l	erwärmten Hühnerfond
1 TL	Sojasauce
1 TL	Zucker
1 EL	Essig
1 TL	Maisstärke
1 EL	kaltes Wasser
	Salz und Pfeffer

1 Hühnerbrüste enthäuten und in 1 cm breite Streifen schneiden. Die Hälfte des Öls bei hoher Temperatur in einer großen Bratpfanne erhitzen. Hühnerbruststreifen in das heiße Fett legen und 3 bis 4 Minuten bei großer Hitze braten. Dabei 1 mal wenden.

2 Hühnerbruststreifen aus der Pfanne nehmen, zur Seite stellen und warmhalten.

3 Das restliche Öl in die Pfanne geben. Gemüse in das heiße Öl geben und 1 Minute bei großer Hitze anbraten. Danach das Gemüse aus der Pfanne nehmen und zur Seite stellen.

4 Knoblauch und Ingwer in die heiße Pfanne geben und 30 Sekunden anbraten. Mit dem Hühnerfond aufgießen, Sojasauce, Zucker und Essig dazugeben und gut vermischen. Bei mittlerer Hitze 4 Minuten kochen.

5 Maisstärke mit dem kaltem Wasser verrühren und in die Sauce einrühren. Hitze reduzieren. Hühnerbrüste in die Pfanne zurückgeben, nachwürzen und 2 Minuten köcheln lassen. Mit Reis servieren.

Hühnerbrust mit grünen Pfefferkörnern

(4 Portionen)

2	ganze ausgebeinte Hühnerbrüste
50 g	Butter
1	geschälte und gehackte Schalotte
250 g	geputzte und geviertelte frische Champignonköpfe
1/8 l	trockenen Weißwein
1/2 l	erwärmten Hühnerfond
3 EL	grüne Pfefferkörner
1 EL	Maisstärke
3 EL	kaltes Wasser
	Salz und Cayennepfeffer

1 Hühnerbrüste enthäuten und halbieren. Die Hälfte der Butter bei mittlerer Temperatur in einer Bratpfanne erhitzen. Hühnerbrüste hineinlegen, mit Salz und Pfeffer würzen und teilweise zudecken. 8 bis 10 Minuten bei schwacher Hitze schmoren lassen, dabei 1 mal wenden.

2 Hühnerbrüste aus der Pfanne nehmen und zur Seite stellen.

3 Die restliche Butter in die heiße Pfanne geben. Schalotten und Champignonköpfe dazugeben. Gut mit Salz und Pfeffer würzen. Bei hoher Temperatur 4 Minuten schmoren.

4 Wein dazugießen und 2 Minuten aufkochen. Hühnerfond dazugießen, die zerdrückten Pfefferkörner dazugeben und bei mittlerer Temperatur 4 Minuten weiterkochen.

5 Maisstärke mit dem kaltem Wasser verrühren und in die Sauce einrühren. Hühnerbrüste in die Pfanne zurückgeben und bei schwacher Hitze 3 Minuten köcheln lassen.

6 Mit glasierten Karotten, Spargel und Reis servieren.

Würzige Hähnchen-Burger
(4 Portionen)

625 g	gehacktes Hühnerfleisch
3	blanchierte Knoblauchzehen
3 EL	Chutney-Sauce
2 EL	Pflanzenöl
	Einige Tropfen Tabasco
	Salz und frisch gemahlenen Pfeffer

1 Alle Zutaten, außer dem Öl, in eine Küchenmaschine geben und auf niedriger Stufe miteinander vermischen. Danach aus der Masse kleine Frikadellen formen.

2 Öl bei mittlerer Temperatur in einer großen Bratpfanne erhitzen. Sobald das Öl heiß ist, die Frikadellen hineinlegen, bei mittlerer Hitze je nach Größe 7 bis 8 Minuten braten und dabei 1 Mal wenden.

3 Mit frischen Tomatenscheiben, Blattsalat und Chutney-Sauce auf getoasteten Brötchen servieren.

Marinierte Hühnerbruststreifen

(4 Portionen)

2	**ganze ausgebeinte Hühnerbrüste**
3 EL	**Olivenöl**
3 EL	**Limonensaft**
2	**geschälte und zerdrückte Knoblauchzehen**
½ TL	**Oregano**
¼ TL	**Thymian**
½ TL	**Majoran**
200 g	**gewürztes Mehl**
2	**große geschlagene Eier**
200 g	**Semmelbrösel**
	Salz und Pfeffer
	Erdnußöl zum Fritieren

1 Hühnerbrüste enthäuten und in dicke Streifen schneiden. In eine tiefe Schüssel legen und zur Seite stellen.

2 Öl, Limonensaft, Knoblauch und Gewürze gut vermischen. Über das Huhn gießen, gut umrühren und 1 Stunde in den Kühlschrank stellen.

3 Das mit Salz und Pfeffer gewürzte Mehl in einen sauberen Plastikbeutel füllen und die anderen Gewürze dazugeben. Hühnerbruststreifen hineinlegen und so lange durchschütteln, bis das Fleisch gut bedeckt ist.

4 Hühnerbruststreifen durch die geschlagenen Eier ziehen und in den Semmelbröseln wenden.

5 Anschließend je nach Größe 3 bis 4 Minuten in dem heißen Erdnußöl braten, bis sie goldbraun sind. Vor dem Servieren auf Haushaltstücher legen und abtropfen lassen.

Panierte Hühnerbruststreifen

(4 Portionen)

1 ½	**ganze ausgebeinte Hühnerbrüste**
120 g	**Mehl**
2	**große geschlagene Eier**
150 g	**Semmelbrösel**
⅛ l	**Pflanzenöl**
¼ l	**Sauerrahm**
2 EL	**frischen gehackten Schnittlauch**
	Salz und Pfeffer
	Cayennepfeffer zum Abschmecken
1	**Prise süßen roten Paprika**

Ofen auf 190° C vorheizen.

1 Hühnerbrüste enthäuten, das Fett wegschneiden und in 1 cm breite Streifen schneiden.

2 Hühnerbruststreifen in eine Schüssel legen. Alle Gewürze, außer den Schnittlauch, dazugeben und gut vermischen. Hühnerbruststreifen mit Mehl bestäuben, durch die geschlagenen Eier ziehen und in den Semmelbröseln wenden.

3 Öl bei hoher Temperatur in einer gußeisernen Pfanne erhitzen und die Hühnerbruststreifen 3 bis 4 Minuten portionsweise goldbraun braten.

4 Anschließend die gebratenen Hühnerbruststreifen mit einem Bratenheber aus der Pfanne heben und in den vorgewärmten Ofen stellen. Schnittlauch mit dem Sauerrahm vermischen und mit dem Huhn servieren.

Gefülltes Perlhuhn

(4 Portionen)

2	Perlhühner
75 g	Butter
1	geschälte und zerhackte Zwiebel
2	geschälte und zerdrückte Knoblauchzehen
1	dünne Scheibe kleingeschnittenen geräucherten Virginiaschinken
1 EL	frische gehackte Petersilie
1 EL	frischen gehackten Estragon
100 g	Semmelbrösel
1	kleines geschlagenes Ei
	Salz und Pfeffer
1	Prise Thymian

Ofen auf 230° C vorheizen.

1 Perlhühner putzen und gründlich abtrocknen. Innen und außen gut mit Salz und Pfeffer würzen und zur Seite stellen.

2 30 g Butter bei mittlerer Temperatur in einer kleinen Bratpfanne erhitzen. Zwiebel und Knoblauch hineingeben und 3 Minuten bei schwacher Hitze anbraten. Schinken, Petersilie, Estragon und Thymian dazugeben und 30 Sekunden braten. Danach diese Mischung in eine Schüssel geben.

3 Semmelbrösel dazugeben und gut verrühren. Das geschlagene Ei dazugeben, mit Salz und Pfeffer würzen und nochmals gut vermischen.

4 Perlhühner mit der Mischung füllen und danach dressieren. Mit der restlichen Butter die Haut bestreichen und in die Bratpfanne legen. Je nach Größe 30 bis 40 Minuten im Ofen braten. Alle 12 Minuten mit dem Fett übergießen.

5 Mit Gemüse servieren.

30 g Butter bei mittlerer Temperatur in einer kleinen Bratpfanne erhitzen. Zwiebel und Knoblauch hineingeben und 3 Minuten bei schwacher Hitze anbraten. Schinken, Petersilie, Estragon und Thymian dazugeben und 30 Sekunden braten.

Semmelbrösel dazugeben und gut verrühren. Das geschlagene Ei dazugeben, mit Salz und Pfeffer würzen und nochmals gut vermischen.

Perlhühner mit der Mischung füllen.

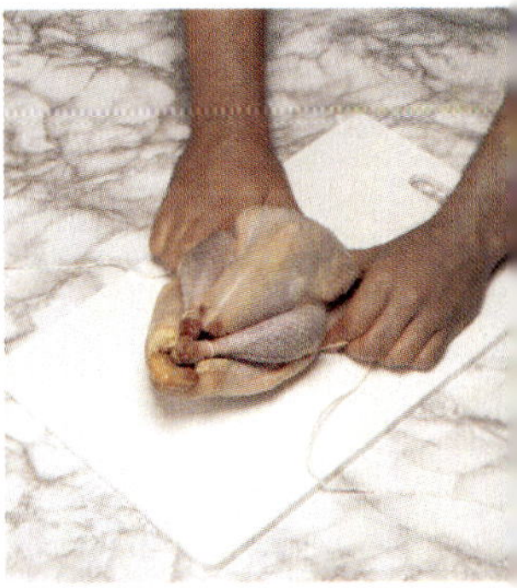

Perlhühner dressieren.

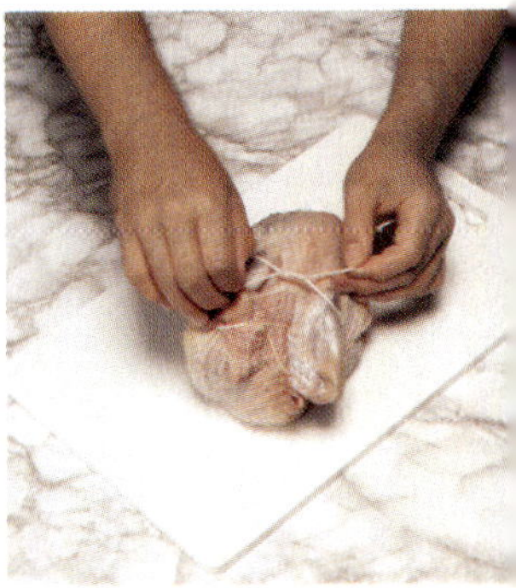

Gebratenes Perlhuhn mit Speck

(4 Portionen)

2	**Perlhühner**
30 g	**Butter**
1 EL	**Olivenöl**
1 EL	**frischen gehackten Oregano**
½ TL	**Koriander**
½ TL	**Salbei**
12	**Scheiben Speck**
4	**geschälte und zerhackte Schalotten**
⅜ l	**trockenen Weißwein**
	Salz und Pfeffer

Ofen auf 220° C vorheizen.

1 Perlhühner putzen und gründlich abtrocknen. Innen und außen gut mit Salz und Pfeffer würzen. Die Butter in das Innere legen und die Perlhühner dressieren.

2 Haut mit dem Olivenöl einreiben. Gewürze zusammenmischen, die Perlhühner damit einreiben und sie mit den Speckscheiben bedecken.

3 Perlhühner in die Bratenpfanne legen und 20 Minuten im Ofen braten. Den Speck entfernen, sobald er durchgebraten ist. Danach die Perlhühner je nach Größe weitere 10 bis 20 Minuten braten lassen.

4 Perlhühner aus dem Ofen nehmen und warmstellen.

5 Bratenpfanne auf den Herd stellen. ¾ des Fettes wegschütten, Schalotten in die Pfanne geben und bei mittlerer Hitze 1 Minute anbraten.

6 Weißwein dazugießen, bei hoher Temperatur 3 Minuten aufkochen und mit Salz und Pfeffer abschmecken. Perlhühner tranchieren und mit Sauce, Gemüse und Reis servieren.

Zwerghuhn mit Reisfüllung

(4 Portionen)

4	**Zwerghühner**
50 g	**Butter**
1	**geschälte und fein zerhackte Zwiebel**
1	**geschälte und zerdrückte Knoblauchzehe**
1 EL	**frischen gehackten Estragon**
200 g	**gewaschenen Langkornreis**
½ l	**erwärmten Hühnerfond**
60 g	**gehackte Walnüsse**
	Salz und Pfeffer

Ofen auf 230° C vorheizen.

1 Zwerghühner putzen und gründlich abtrocknen. Innen und außen gut mit Salz und Pfeffer würzen und zur Seite stellen.

2 15 g Butter bei mittlerer Temperatur in einer Bratpfanne erhitzen. Zwiebel, Knoblauch und Estragon hinzugeben und 3 Minuten bei schwacher Hitze dünsten.

3 Reis dazugeben und 2 Minuten aufkochen. Hühnerfond dazugießen, gut umrühren und mit Pfeffer würzen. Zudecken und bei schwacher Hitze 18 bis 20 Minuten kochen lassen. Der Reis ist gar, sobald die Flüssigkeit aufgenommen ist.

4 Walnüsse und 15 g Butter unter den fertigen Reis mischen und gut verrühren.

5 Zwerghühner mit der Mischung füllen und dressieren. Mit der restlichen Butter die Haut bestreichen und die Zwerghühner in die Bratenpfanne legen. Je nach Größe 30 bis 40 Minuten im Ofen braten. Alle 10 Minuten mit dem Fett übergießen.

6 Mit karamelisierten Apfelscheiben, Spinat und Karotten servieren.

Gebratenes Perlhuhn

(4 Portionen)

2	**Perlhühner**
50 g	**weiche Butter**
2	**geschälte und gehackte Schalotten**
24	**kernlose grüne Trauben**
3/8 l	**erwärmten Hühnerfond**
1 EL	**frisches gehacktes Basilikum**
1 EL	**frischen gehackten Estragon**
1 EL	**Maisstärke**
3 EL	**kaltes Wasser**
	Salz und Pfeffer

Ofen auf 230° C vorheizen.

1 Perlhühner putzen und gründlich abtrocknen. Innen und außen gut mit Salz und Pfeffer würzen und dressieren.

2 Haut mit der Butter bestreichen und Perlhühner in eine Bratenpfanne legen. Je nach Größe 30 bis 40 Minuten im Ofen braten. Alle 12 Minuten mit dem Fett übergießen und mehrmals wenden.

3 Sobald die Perlhühner gar sind, aus der Pfanne nehmen und warmstellen.

4 Bratenpfanne bei mittlerer Temperatur auf den Herd stellen. Schalotten und Trauben in die Pfanne geben und 2 Minuten dünsten.

5 Hühnerfond und Kräuter dazugeben und 2 Minuten aufkochen.

6 Maisstärke mit dem kaltem Wasser verrühren und in die Sauce einrühren. 2 Minuten bei schwacher Hitze köcheln lassen. Perlhühner mit grünen Bohnen, gehackten Äpfeln und Steckrüben servieren.

Wachteln mit würziger Reisfüllung

(2 bis 4 Portionen)

WÜRZIGE REISFÜLLUNG

45 g	Butter
1	geschälte und zerhackte Zwiebel
1	geschälte und in Scheiben geschnittene Knoblauchzehe
1/4 TL	schwarzen Pfeffer
1/4 TL	Cayennepfeffer
1/4 TL	weißen Pfeffer
1	entkernte und gehackte Chilischote
200 g	gewaschenen Langkornreis
3/8 l	erwärmten Hühnerfond
	Salz

Ofen auf 180° C vorheizen.

1 Butter bei mittlerer Temperatur in einer feuerfesten Kasserolle erhitzen. Zwiebel, Knoblauch, Gewürze und Chilischote dazugeben, gut umrühren und 2 Minuten dünsten.

2 Reis dazugeben und mit Salz würzen. 3 Minuten lang kochen, um die Flüssigkeit verdampfen zu lassen. Bevor der Reis am Pfannenboden anhängt, den Hühnerfond dazugießen. Aufkochen, zudecken und 18 Minuten im Ofen schmoren lassen.

WACHTELN

4	geputzte Wachteln
45 g	zerlassene Butter
	Salz und Pfeffer

Ofen auf 220° C vorheizen.

1 Wachteln innen und außen mit Salz und Pfeffer würzen, mit der würzigen Reismischung füllen und dressieren.

2 Mit der Butter die Haut bestreichen und die Wachteln in die Bratenpfanne legen. Je nach Größe 25 bis 30 Minuten braten und gelegentlich mit Fett übergießen.

3 Mit frischem Gemüse servieren.

Gegrillte Wachteln

(2 bis 4 Portionen)

4	**geputzte Wachteln**
2	**geschälte und halbierte Knoblauchzehen**
3 EL	**Teriyaki-Sauce**
3 EL	**Sake**
2 EL	**Honig**
¼ TL	**gemahlenen Ingwer**
¼ TL	**Chilipulver**
3 EL	**Olivenöl**
	Salz und Pfeffer

1 Mit der Geflügelschere das Rückgrat der Wachteln durchschneiden, um sie zu halbieren. Das Fleisch mit Knoblauch einreiben, gut mit Salz und Pfeffer würzen und in eine flache Schüssel legen.

2 Die restlichen Zutaten zusammenmischen, über die Wachteln gießen, 2 Stunden in den Kühlschrank stellen, und die Wachteln mehrmals in der Marinade wenden.

Ofen auf 200° C vorheizen.

3 Den Ofen auf Grillen stellen. Wachteln mit der Haut nach oben in eine Bratenpfanne legen und 12 Minuten grillen. Häufig mit dem Fett übergießen.

4 Wachteln wenden und je nach Größe weitere 10 Minuten grillen. Häufig mit dem Fett übergießen.

5 Mit würzigem Reis servieren.

Knoblauchbutter-Sauce für das Huhn

(ergibt: 250 g)

250 g	weiche Butter
1	geschälte und feingehackte Schalotte
2	geschälte und zerdrückte Knoblauchzehen
1 TL	frische gehackte Petersilie
	Einige Tropfen Tabasco
	Salz und frisch gemahlenen Pfeffer
	Zitronensaft zum Abschmecken

1 Alle Zutaten in eine große Schüssel geben und mit einem Holzlöffel gut verrühren.

2 Butter auf eine doppelte Alufolie streichen, in zylindrischer Form in der Folie einrollen und die Enden zudrehen.

3 In den Kühlschrank legen, bis die Butter fest ist, oder für eine spätere Verwendung einfrieren.

4 Bei Bedarf einfach aus der Folie rollen und die benötigte Menge in Scheiben abschneiden. Wieder dicht einpacken und in das Gefrierfach zurücklegen.

Würzige Marinade für das Huhn

3 EL	Limonensaft
1/8 l	Olivenöl
3	geschälte und in Scheiben geschnittene Knoblauchzehen
1	entkernte und gehackte scharfe grüne Chilischote
3 EL	gemahlenen Pfeffer
5	frische Sauerampferblätter
1/2 TL	Thymian

1 Alle Zutaten in eine Bratpfanne geben, gut verrühren und bei mittlerer Temperatur 3 Minuten aufkochen.

2 Über das Huhn gießen und die Marinade mindestens 1 Stunde im Kühlschrank ziehen lassen.

3 Diese Marinade zum Grillen oder Braten verwenden.

Teriyaki-Madeira-Marinade

3 EL	**Teriyaki-Sauce**
1 EL	**Honig**
1 EL	**Sojasauce**
2	**geschälte und in Scheiben geschnittene Knoblauchzehen**
3 EL	**Madeira**
	Frisch gemahlenen Pfeffer

Diese Marinade zum Grillen und Kurzbraten verwenden. Man kann sie auch zum Übergießen eines ganzen Hähnchens während des Bratvorgangs im Ofen nehmen.

1 Alle Zutaten in einer Schüssel vermengen.

2 Diese Mischung über das Huhn gießen und 1 Stunde in den Kühlschrank stellen.

Gewürzmischung

1 TL	**Olivenöl**
1 EL	**Kümmel**
1 TL	**Koriander**
5	**blanchierte, geschälte und pürierte Knoblauchzehen**
1	**entkernte und fein gehackte scharfe grüne Chilischote**
1 TL	**Thymian**
1 TL	**Selleriesamen**
½ TL	**Chilipulver**
3 EL	**Limonensaft**

Diese Mischung kann zum Würzen eines ganzen Backhähnchens oder von Teilen verwendet werden.

1 Öl bei mittlerer Temperatur in einer kleinen Bratpfanne erhitzen. Sobald es heiß ist, Kümmel und Koriander dazugeben und eine Minute goldbraun anbraten.

2 Die restlichen Zutaten, mit Ausnahme des Limonesaftes, in die Pfanne geben, gut vermischen und eine Minute aufkochen.

3 Diese Mischung in das Hühnerfleisch einreiben und den Limonensaft darüberträufeln.

Klassische Weinmarinade

3 EL	Olivenöl
1/8 l	trockenen Weißwein
1	geschälte und in Scheiben geschnittene Knoblauchzehe
1 EL	Dijon-Senf
1 EL	Weinessig
1/2 TL	Thymian
1/2 TL	Estragon
1/2 TL	Basilikum
	Frisch gemahlenen Pfeffer

Diese Marinade kann für alle Zubereitungsarten verwendet werden.

1 Zutaten in eine Schüssel geben und gut vermengen.

2 Über das Huhn geben und in den Kühlschrank stellen.

Sauce für Brathähnchen

(4 bis 6 Portionen)

1	geschälte und zerhackte Zwiebel
1/2	in kleine Würfel geschnittene Sellerieknolle
1	geschabte und in kleine Würfel geschnittene Karotte
3 EL	Mehl
1/2 l	erwärmten Hühnerfond
1/2 TL	Thymian
1/4 TL	Majoran
1/2 TL	Selleriesamen
	Frisch gemahlenen Pfeffer

1 Sobald das Brathähnchen fertig ist, die Sauce zubereiten. Die Hälfte des noch in der Bratenpfanne befindlichen Fetts weggießen.

2 Die Bratenpfanne mit dem restlichen Fett bei mittlerer Temperatur auf den Herd stellen. Zwiebel, Sellerie und Karotte hinzugeben und unter ständigem Rühren 5 Minuten braten.

3 Mehl darüberstreuen, gut verrühren und 2 Minuten bei mittlerer Temperatur einbrennen.

4 Hühnerfond dazugießen und mit einem Schneebesen einrühren. Gewürze dazugeben und bei schwacher Hitze weitere 6 bis 8 Minuten köcheln lassen.

5 Sauce durch ein Sieb passieren und in einer Sauciere zum Brathähnchen servieren.

Rezeptregister

Aromatische Hühnerbrust 70
Backhähnchen nach Texas-Art 31
Brathähnchen in Sake mariniert 15
Feurige Hühnerhäppchen 65
Gebackene Hühnerbrust mit Estragon 12
Gebackenes Hähnchen mit Schnittlauch und Sahne 60
Gebratene Hühnerbrust in Weinbrandsauce 79
Gebratene Hühnerbrust mit Gemüse 78
Gebratene Hühnerbrust mit Ingwer 80
Gebratene Hühnerteile 46
Gebratenes Huhn in Champignon-Weinsauce 20
Gebratenes Huhn mit Feigenfüllung 21
Gebratenes Perlhuhn 90
Gebratenes Perlhuhn mit Speck 88
Gefüllte Hühnerbrustfilets 10
Gefülltes Perlhuhn 86-87
Gegrillte Wachteln 92
Gegrillter Hühnerspieß 35
Gekochtes Huhn mit Reis 42
Gewürzmischung 94
Honigsüß marinierte Hühnerbrust 11
Huhn und Garnelen-Pfanne 52
Huhn Beaulieu 48
Huhn in der Cocotte 38-39
Huhn in der Kasserolle 33
Huhn in Estragon-Sahnesauce 30
Huhn in klassischer Rotweinsauce 32
Huhn in Madeira 27
Huhn in Marsala 45
Huhn in Zitronensauce 77
Huhn mit Auberginen und spanischen Zwiebeln 62
Huhn mit Champignons 13
Huhn mit Curry und Tomaten 54
Huhn mit Erbsen und Brokkoli 81
Huhn mit gebratenen Paprikaschoten 34
Huhn mit Gurkengemüse 25
Huhn mit Gurkengemüse und Perlzwiebeln 61
Huhn mit italienischer Wurst und Wein 14
Huhn mit Knoblauch-Sardellen-Püree 40
Huhn mit Meeresfrüchten 71
Huhn mit Paprikaschoten und Tomaten 26
Huhn nach Bauernart 44
Huhn nach Burgunder Art 36
Huhn nach Jägerart 24
Huhn nach Lyoner Art 53
Huhn nach spanischer Art 7
Huhn und Champignons in cremiger Portweinsauce 22-23
Hühnchen mit Wurzelgemüse 18
Hühnerbrust mit Gemüsemix 19
Hühnerbrust mit grünen Pfefferkörnern 82
Hühnerbrust mit grünen Trauben 41
Hühnerbrust nach Pariser Art 50
Hühnerbrust-Rouladen mit Schinken und Käse 8-9
Hühnerfond 6
Hühnerfrikadellen 56-57
Hühnerfrikadellen mit Curry 16
Hühnerfrikassée 28-29
Hühnerfrikassée auf die Schnelle 69
Hühnergeschnetzeltes in Worcestershire-Sauce 49
Hühnerschenkel auf Sauerkraut 55
Hühnerschenkel in scharfer Tomatensauce 76
Hühnerschenkel Louis 74
Hühnerschenkel mit frischer Fenchelknolle 17
Hühnerschenkel nach Szechuan-Art 63
Hühnerschenkel süß-sauer 51
Hühnerschnitzel 37
Klassische Weinmarinade 95
Knoblauchbutter-Sauce für das Huhn 93
Landhuhn in Weißwein 75
Makkaroni in der Hühnerkasserolle 43
Marinierte Hühnerbrust mit Rosmarin 68
Marinierte Hühnerbruststreifen 84
Marinierte Hühnerschenkel 67
Marinierter Hühnerspieß 64
Panierte Hühnerbruststreifen 85
Paprikahuhn 72-73
Pochierte Hühnerbrust 58
Pochierte Hühnerbrust mit frischem Spinat 59
Sauce für Brathähnchen 95
Schnell gebratene würzige Hähnchenstreifen 66
Teriyaki-Madeira-Marinade 94
Teufelshühnchen 47
Wachteln mit würziger Reisfüllung 91
Würzige Hähnchen-Burger 83
Würzige Marinade für das Huhn 93
Zwerghuhn mit Reisfüllung 89